C'était un 9 juin

Laurent Savary

SOMMAIRE

Une famille ordinaire

Léonie était notre note, notre tempo, notre musique. Elle a su délivrer un message de paix et d'amour à tous ses proches. Intelligente, curieuse et généreuse, elle a partagé avec nous un moment trop court sur cette terre mais si intense. Elle aimait s'émerveiller de tant de choses. Les animaux, les gens, la nature, l'art, la musique, le chant... Léonie exprimait je crois ce que j'aime le plus dans la vie et ce qui est le plus dur à réaliser : être pour servir l'autre. Je me nomme Laurent. J'ai souhaité écrire l'histoire d'une famille ordinaire que la maladie a fait chavirer brutalement.

Nous habitons dans le sud de la France près d'Avignon et nous menons une vie assez discrète... Nous éprouvons du plaisir à voyager et à nous distraire avec la photographie, la danse, les spectacles, les expositions, la musique ou encore le cinéma. Nous ne pratiquons pas les réseaux sociaux. Nous privilégions les rencontres autour d'une table entre amis. Nous débattons de l'actualité. Nous partageons nos rêves et nos expériences. La foule n'est pas notre terrain de prédilection et si l'architecture urbaine peut nous fasciner, nous apprécions aussi contempler une nature sauvage. Ma vie professionnelle m'a offert de nombreux métiers. J'appréhende la monotonie des lieux et des choses. J'aime que la vie me surprenne. Cela me donne la sensation de remplir le bagage de mon existence. J'ai rencontré mon épouse dans un laboratoire photographique à l'époque où la lumière inactinique servait à protéger nos papiers baignant dans un révélateur et un fixateur. Elle s'appelle Catherine mais j'ai pris l'habitude, avec les années, de la nommer Cathy.

Nous avons deux filles, Agathe et Léonie. En ce début d'année 2017, elles sont âgées respectivement de onze et neuf ans. Nous logeons dans une maison que nous aimons beaucoup et dont nos enfants ne veulent pas se séparer. C'est en effet sous ce toit que les Noëls, les réveillons et les anniversaires marquent chaque étape de la vie de nos princesses. Notre jardin connaît mille trésors enfouis par nos aventurières au fil des années qui passent. Nos arbres grandissent en même temps que nos enfants et les branches sont au nombre de nos souvenirs passés dans ce lieu.

En découvrant les films d'Hayao Miyazaki, Agathe a traversé une période de lecture *manga,* baptisée ainsi par les fans, pour finalement aujourd'hui se consacrer à des livres aux histoires plus diverses. Quant à Léonie, elle nous suit dans la cuisine ou le jardin afin d'apprendre les rudiments du quotidien. Nous pouvons aisément les assimiler à beaucoup d'autres enfants de leur âge. Je suis le papa comblé de cette petite tribu ordinaire.

J'ai décidé d'écrire notre histoire pour témoigner de ce que parfois le mot maladie signifie en France. Expliquer comment nous sommes arrivés au Mexique pour traiter notre fille d'un cancer. Comment ces cancers en France et dans le monde ne sont pas suffisamment reconnus pour apporter un véritable soutien aux 2 500 enfants diagnostiqués par an dans notre pays. Je veux témoigner aussi afin de porter un focus sur le peu de valeur que nous apportons aux traumatismes qu'engendrent ces drames. Ce récit n'est pas un roman, un dictionnaire ou une référence dans le suivi du patient. C'est un parcours de vie, notre parcours de vie. Il est unique et non transposable. Je témoignerai de notre seul vécu. Chaque cancer est différent et même si les familles se croisent, les chemins sont parfois diamétralement opposés dès lors que nos choix sont aussi différents. Cette histoire repose sur mes souvenirs et les notes écrites durant nos mois de combat aux cotés de notre fille. Je veux raconter comment une famille peut basculer du bonheur au malheur, de l'ordinaire à l'extraordinaire. Je veux laisser une trace de notre passage durant ce voyage au pays du cancer en mémoire de notre fille défunte et regrettée. Léonie.

Un parcours rempli de rencontres qui vous change à jamais et qui donne un nouveau sens aux mots amour et partage. Un chemin où l'humain prend toute sa dimension dans sa capacité à aimer l'autre et à se découvrir lui-même. Je n'entame aucun procès, je pose juste des questions souvent mêlées à des incertitudes et des incompréhensions.

Nous débutons aujourd'hui notre thérapie de réconciliation avec la vie et cherchons le chemin de l'apaisement avec nous-même. La maladie puis la disparition de notre enfant font naître une violence puis un chaos en quatre dimensions dont chaque facette oblige à explorer autre chose de différent chaque jour. C'est toute la maison *famille* qui s'enflamme. Le feu brûle votre corps et votre esprit lorsque vous regardez votre enfant souffrir, vous forçant à une mutation radicale et incontrôlée jusqu'au point de non-retour.

Ce cancer du tronc cérébral de l'enfant ne bénéficie pas d'une formule Resto du cœur, Sidaction et encore moins d'un Téléthon pour porter des témoignages et apporter l'information jusqu'aux portes de nos maisons. Nous avons comme seuls interlocuteurs le diable et des médecins désemparés vous annonçant que votre enfant va mourir et qu'il est temps de bien profiter de lui. L'Etat et sa lenteur à porter un véritable soutien devant ces maladies infantiles et parfois incurable privent les familles d'une logistique ou d'informations pour les guider dans les méandres des parcours difficiles de nos hôpitaux. Seuls les hasards d'une rencontre, le contenu d'un carnet d'adresses ou votre position géographique rendront parfois votre parcours plus doux. Loin de vouloir penser que cette maladie touchant le tronc cérébral des enfants est la seule ou la pire de toute, elle a cet effet pervers de ne vous laisser aucune chance. Le cancer est une maladie ancestrale, dont on retrouve la trace dans des os datant de la préhistoire. Mais aujourd'hui après avoir atteint la vitesse du son, envoyé des astronautes et des singes dans l'espace, l'homme ne parvient toujours pas à dompter ces nombreuses mutations cellulaires. Et si, par bonheur, la chance vous accompagne jusqu'à la bénédiction d'une rémission, vous ne savez jamais si la maladie reviendra, quand et comment.

L'assurance maladie, la MDPH[1], le rectorat, les services sociaux, les thérapeutes, ne sont pas avertis. Commence alors pour les parents un véritable pèlerinage. Il y a encore quelque chose de plus alarmant : un grand nombre de ces acteurs ne sont pas informés, formés et prêts à parler d'une maladie infantile incurable. On préfère vous apporter une fin de non-recevoir ou vous orienter dans un service réservé aux millions de citoyens qui ne sont pas voués à connaître le même destin que celui prédit à votre enfant. La différence est majeure dans le parcours de soins pour le respect du patient et de sa famille. La mort programmée d'un enfant devrait susciter l'attention et la compassion de toute une société. Et pourtant il n'est pas facile de se positionner devant ces familles errantes et désorientées. Que doit-on et que peut-on dire face à ces personnes anéanties sans les heurter ou leur rappeler l'évidence ? Une telle situation représente une frustration pour les uns et une profonde angoisse pour les autres.

Dans nos régions, les associations jonglent localement avec l'urgence et ne cessent de lancer des alertes à qui voudra bien les

---

[1] MDPH Maison départementale des personnes handicapées.

entendre. L'absence parfois de visibilité et le manque de moyens empêchent les actions caritatives de franchir les frontières de la cité. Lorsqu'un enfant est diagnostiqué, avec l'aide de réseaux sociaux, les associations déclenchent leurs actions de soutien auprès des familles. Le web offre une vitrine de tout ce qui se fait en matière associative avec l'appui d'une presse locale plus intéressée à l'égard d'un enfant du village ou de la région. Ce tissage se compose essentiellement de bénévoles qui slaloment entre famille, travail et vie associative. On y retrouve souvent les parents à la manœuvre après que la maladie les ait privés à jamais de leur enfant. Des dizaines d'associations sont répertoriées sur le territoire pour porter un message dans un environnement complexe rendant l'information parfois inaudible. Se fédérer devrait être la voix de la raison mais cela est difficile sinon impossible car si chacune vise les mêmes objectifs, les avis, les méthodes et les moyens sont parfois opposés. Par ailleurs, chaque association est aussi animée par une envie profonde et justifiée de faire honneur à la mémoire de son propre enfant défunt ou combattant. Cette relative petite communauté en lutte contre les cancers pédiatriques est enfermée dans une bulle de verre. Les cris sourds de nos enfants ne parviennent pas à toucher un public nombreux malgré les quelques encarts d'une presse people avide de sensations.

Ce sont des millions d'euros qui transitent sans véritable feuille de route. Pourtant si vous détricotez ce maillage, c'est le système de recherche, de soins, d'accompagnement des enfants qui s'effrite. Notre pays a fait le choix de laisser reposer une partie du mode de financement pour la recherche des cancers pédiatriques sur les capitaux privés, le mécénat ou les associations. À ce constat s'ajoute la notion de rentabilité et de profits dans les stratégies commerciales développées par nos laboratoires, éloignant ainsi nos enfants malades de leurs priorités. Enfin rapportez à cela une réglementation peu malléable pour les protocoles de soins destinés aux enfants mineurs et la machine s'enraye en proposant peu de recherches, peu de nouvelles molécules, peu d'essais innovants et ciblés sans être obligés à chaque fois de passer par la case adulte avec le risque de rendre ces dizaines de prospections inefficaces ou dangereuses.

Je ne savais pas que soixante cancers différents touchaient les enfants en France et dans le monde. Je me doutais mais je refusais de croire que les lois de la nature s'autorisaient à offrir la mort à son propre enfant. C'est comme se balader dans une librairie et se contenter de lire furtivement le titre du livre « *Mon enfant est mort d'un cancer* » et de ne pas avoir le courage de l'acheter et encore moins de lire ses premières pages. Cela nous repousse. Nous refusons d'entrer dans ce monde effrayant, avec pour unique image, nos enfants envahis par la douleur. Je n'avais pas conscience non plus que depuis des années dans notre pays autant d'hommes et de femmes portaient ce lourd fardeau du sacrifice de sa vie ou de la perte d'un enfant. Je ne me doutais pas que ces mêmes parents, avec l'aide et la générosité de bénévoles, œuvraient pour aider des familles à surmonter ce terrible combat que le destin d'une vie peut infliger. Cela vient heurter à contre sens le cycle de la vie. J'ai connu l'avant et j'ai découvert l'après.

Je dois l'avouer… j'étais ignorant et mal informé.

Un printemps

Nous sommes en avril 2017. L'hiver s'achève et les premières feuilles s'accrochent aux arbres apportant à nos paysages ces premières couleurs printanières luxuriantes. J'aime beaucoup cette saison qui réveille nos sens endormis par de longs mois de froidure. Même si le climat méditerranéen nous épargne d'un froid polaire, nous avons, dans notre région, un vent fort baptisé *Mistral* trouvant son origine dans les masses d'air plus au nord et violent durant l'hiver.

Quelques semaines plus tôt, Léonie participait à une classe de neige de CM1 dans les Alpes. Elle était heureuse et excitée à l'idée de partir avec ses amies. S'imaginer loin de la maison reste un moment unique pour une majorité d'enfants. Apprendre et vivre la collectivité sans la présence de ses parents, marqueurs incontournables des premières années de vie, est une période cruciale de notre jeunesse pour nous mener peu à peu à l'autonomie. L'investissement de nos instituteurs et de nos institutrices contribue également à la réussite de cet épanouissement. J'en suis une preuve vivante. Je suis capable encore aujourd'hui de narrer mes propres sorties scolaires avec beaucoup de détails et de plaisirs.

Léonie et Agathe affichent deux personnalités très distinctes. Notre Petit Poucet manipule davantage le verbe et le contact avec autrui. Notre aînée s'émancipe avec des moments plus solitaires ponctués de lectures ou de dessins. Quant à conclure que les deux sœurs s'entendent sur tous les sujets, cela serait un peu exagéré. Les motifs de discordes peuvent être autant variés que futiles. Mais elles n'oublient pas de se tenir la main quand il le faut.

Agathe est au collège en classe aménagée danse. Elle s'apprête à valider son passage en 5e. Sa mère et moi avons décidé de lui offrir une nouvelle chambre. Il est temps de remplacer son petit bureau d'école primaire, de rajeunir ses photos, ses affiches et sa bibliothèque enfermant un grand nombre de livres marquant les instants de ses premières lectures. Alors tout le monde se met au travail. On peint, on cloute, on visse dans la bonne humeur... malgré les aléas que la rénovation peut offrir à celui qui tient le marteau ou le pinceau.

Nos filles sont au conservatoire de musique. Elles apprennent le chant, le solfège et pratiquent la trompette. Cette belle histoire avec les notes a démarré quatre ans plus tôt. Nous décidons alors de proposer à Agathe une activité extrascolaire. Et c'est en soufflant pour la première fois dans son instrument en interprétant *La danse des éléphants* que je suis séduit par l'idée de l'accompagner. Je pars pour cela à la rencontre de son professeur et me glisse entre deux cours. Notre duo voit ainsi le jour. Léonie ne tarde pas à nous rejoindre. C'est à son tour l'année suivante de choisir ses options. Elle opte aussi pour l'instrument à trois pistons. Il est parfait pour des réveille-matins punchy ! C'est ainsi que le plus grand trio de l'histoire aux couacs assourdissants voit le jour en Provence. Inutile de préciser que les premières heures de notre apprentissage ont demandé à leur mère une grande patience. En effet, mal maîtrisé, la trompette offre vite de belles cacophonies.

Durant ce mois d'avril, elles se préparent et participent à un concours annuel et national de trompette à L'Isle-sur-la-Sorgue, dans le Vaucluse. Agathe a déjà concouru l'année précédente. Sa mention attribuée par le jury lui a valu la remise d'un grand nombre de cadeaux. Léonie était admirative de sa sœur et avait fait la promesse de tenter l'aventure l'année suivante. La motivation des deux filles ne s'ébranle pas jusqu'à leur inscription. Elles apportent un grand sérieux à la préparation et leur passage devant le jury est parfait. Je contemple mes enfants. Elles sont belles et leur concentration à la tâche me séduit énormément. Le concours s'achève et c'est pour nous l'occasion de rencontrer d'autres musiciens apportant à cette journée de beaux échanges. Nous nous souvenons de Pierre Dutot et de son imposant gabarit rencontré lors de sa séance de dédicaces. Il est membre du jury et professeur de trompette émérite dans ce microcosme de la famille des cuivres. A la signature de son poster il fait cette plaisanterie :

- *Vos filles sont nulles ! Elles devraient faire du football !*

Afin de définitivement nous rassurer, il précisa que nous pouvions-nous attendre à une belle surprise. Effectivement Léonie obtiendra le deuxième prix de sa catégorie et Agathe restera aussi sur le podium avec une belle troisième place. Nous récupérons les nombreux lots offerts par les organisateurs et nous quittons tardivement les lieux. On chante dans la voiture. Nous revivons minute par minute cette journée. Chacun prend le temps de raconter une anecdote ; chacun surfe sur une émotion vécue. Agathe et Léonie étaient vraiment fières de leurs performances. Quant à nous, parents, nous sommes heureux ! Quel sentiment plus fort existe-t-il pour un père ou une mère que celui de voir son enfant exceller dans son parcours de vie ? L'école, la danse, la musique, la santé, les amis, tout est au rendez-vous. Nous n'avons aucune raison de nous inquiéter… Pourtant ma bonne étoile va se voiler peu à peu pour disparaître complétement devant un ciel toujours plus sombre.

De la paille et des flammes

J'ouvre les volets de la chambre. Dehors le soleil brille et les rayons d'un soleil matinal ont déjà réchauffé l'atmosphère printanière.

- *Léonie, il est l'heure de se lever ma chérie !*

J'adore réveiller mes filles avec des câlins. Quand j'ai le temps, je m'assois sur le bord du lit et je les regarde. Je n'oublie pas les bisous sur la joue laissant parfois mon visage se faufiler dans leur cou pour profiter d'une peau chaude et sucrée du matin. C'est une sensation unique et que chaque parent doit pouvoir ressentir. Je murmure quelques mots doux et je boucle les salutations avec une caresse sur des jambes brûlantes que la couverture a pris le temps de chauffer toute une nuit. Léonie a pour habitude de bondir de son lit depuis son plus jeune âge. Elle aime profiter des premières heures de la journée. Elle ne fait pas partie de ces personnes qui se lèvent en bougonnant à moitié endormies donnant l'impression que le corps est à côté de la tête. Pour elle, tout doit démarrer très vite ! Je retourne à la cuisine pour préparer son petit déjeuner. Le lait coule et mouille les premières céréales quand soudain, je vois Léonie surgir du couloir, le visage blanc et tenant à peine sur les jambes. Elle s'appuie sur le mur pour éviter la chute.

- *Léonie que se passe-t-il ?* Je demande.
- *Je ne sais pas !* Me répond-t-elle.

Pour ajouter,

- *Je ne me sens pas bien !*

Cathy nous rejoint. Dans la précipitation, nous l'allongeons sur les énormes carreaux de ciment froid de notre couloir. Je me précipite alors dans notre chambre à la recherche d'une couverture. À mon retour, le sang irrigue à nouveau le haut de son buste et son visage reprend un semblant de couleur chair. Connaissant les symptômes d'un malaise vagal, je suggère de lui donner un peu de sucre pour remonter son taux de glycémie que je suppose peut-être trop bas.

Après une petite conversation avec notre fille encore allongée, l'alerte semble passée. Léonie repousse la couverture et comme un frêle poulain venant de naître, elle roule son corps sur le côté, tire ses jambes et prend appui sur ses membres supérieurs pour se redresser. Elle ne présente aucune difficulté à rester debout. Nous clôturons cet épisode autour du petit déjeuner pensant à quelque chose de bénin et ne nécessitant pas plus d'investigation. Pourtant les choses vont silencieusement et lentement se dégrader. Cet incident est le point de départ d'un long voyage dans les flammes de l'enfer. Nous ne le savons pas encore.

Léonie se plaint de ne pas très bien voir depuis plusieurs semaines. Nous prenons rendez-vous avec l'ophtalmologue mais l'examen ne conclut pas à l'achat urgent de lunettes de vue. Durant nos soirées devant la télévision, elle ne peut plus soutenir l'écran et ses yeux sont rouges. Nous décidons de nettoyer son blanc d'œil avec du sérum physiologique, pensant à une poussière tenace. Nous supposons aussi une allergie dont la famille n'est pas exempte. Agathe connaît cela depuis son plus jeune âge et nous supputons alors que la fratrie est assujettie à ce désagréable dérèglement du métabolisme humain.

Léonie a l'habitude de se coucher plus tard le samedi soir. Pourtant depuis quelques semaines, les fins d'émissions dont elle raffole comme *the Voice* ou *Danse avec les Stars* lui résistent et elle peine à rejoindre son lit, les yeux mi-clos. Mais quand les enfants dorment davantage et ont les yeux rouges, le premier réflexe n'est pas d'appeler les urgences.

Les vacances scolaires de Pâques ont sonné ! C'est l'heure de la grande récréation en famille. Nous nous rendons à Nevers dans le département de la Nièvre, proche de la famille. Léonie court, Léonie chante. La traditionnelle chasse aux œufs est ouverte dans les vastes jardins des grands-parents arborés de mille essences. Je me souviens de cette promenade au Bec d'Allier qui se situe au confluent de la Loire et de l'Allier. Dans les sous-bois, les deux jeunes sœurs font des courses folles à travers les fougères. Marchant d'un pas plus lent, je les observe telles de véritables biches enjambant les ronces et les branches mortes à terre. Les rires et les cris bousculent la quiétude du lieu. Elles jouent à se cacher derrière les énormes troncs pour nous surprendre à notre passage en poussant de terribles hurlements d'enfants avec l'espoir de nous effrayer. Ces roulés-boulés coûtent malheureusement à Léonie la morsure d'une tique à l'abdomen au-dessus de son nombril.

Nous nous en rendons compte sur le chemin du retour en Provence quand elle nous dit apercevoir une drôle de chose sur son ventre. Nous nous arrêtons dans le département de Loire à la pharmacie de Roanne pour acheter le kit nécessaire à l'extraction de cet acarien. C'est avec l'aide de la pharmacienne que nous allongeons Léonie dans l'arrière-boutique pour tenter d'enlever cette invitée surprise. Non sans mal, car ces minuscules parasites sont particulièrement bien accrochés par leur tête plongeante dans la première couche de l'épiderme. C'est fait ! On désinfecte et on reprend la route une heure plus tard. Cette morsure m'inquiète davantage que le petit malaise des jours précédents. Ces arachnides n'ont pas une bonne réputation et le traitement nécessaire en cas de complication l'est encore moins. Nous surveillons cette zone du corps encore sept jours pour s'assurer qu'il n'y a pas d'infection. Nous ne notons aucune rougeur et le mois d'avril s'achève. Les enfants reprennent le chemin de l'école en pleine forme.

Un dernier week-end

Très vite le calendrier est à l'avantage des enfants et des plus grands qui bénéficient d'un long weekend end. C'est la fête du travail et cette année 2017 nous offre le lundi de repos. Avec ces trois jours, je décide de rendre visite à mon frère dans les Pays de la Loire près de Nantes. Pour nous épargner un temps de voyage assez long depuis Avignon, j'opte pour un trajet en avion. Cathy est bloquée avec sa troupe pour un gala de danse qu'elle prépare depuis des mois. Elle reste à la maison et je pars donc accompagné de mes filles. Elles sont ravies de retrouver les cousins et cousines. Ce voyage se déroulera sans souci majeur malgré une pluie omniprésente nous privant de toute escapade.

Nous remarquons durant ce mois de mai que Léonie devient de plus en plus nerveuse. Nous la connaissons énergique mais cette fois, son comportement nous inquiète. Ses yeux ne s'arrangent pas et la situation est proche de nous rappeler la myxomatose du lapin. On nous rapporte qu'elle est de plus en plus énervée à l'école. Des crises de colère entre copines semblent ponctuer ses récréations.

Et nous ne tardons pas à le constater à la maison. Sa sœur est la première victime. Un crayon de couleur emprunté sans autorisation et Léonie se transforme en véritable loup-garou prêt à bondir et mordre sa proie. Ses yeux couleur sang des derniers jours renforcent davantage cette image. Nous ne parvenons plus à la calmer. Des cris, des hurlements, des pleurs vont jalonner nos soirées et aucun mot ne suffit à l'apaiser. Son hypersensibilité est surdimensionnée. La plus petite contrariété la plonge dans une immense détresse.

Mais que se passe-t-il avec notre chère Léonie, d'habitude si joviale ?

Inquiet, j'entreprends de parler à Cathy de cette troublante situation. Nous mettons en place différentes techniques afin de pallier les crises. Nous décidons de ne pas surenchérir à ses provocations, ses claquements de portes ou tout objet jeté à travers la pièce. J'envisage de ne pas crier plus fort qu'elle car je constate qu'une voix douce et monotone est un atout vers le chemin de l'apaisement. Nous devons prendre le temps et utiliser un maximum de mots pour la rassurer. Agathe entre dans la confidence et nous lui demandons de bien faire attention avant de pénétrer dans le jardin privé ou secret de sa sœur. La cellule de crise est en place et nous espérons que cela porte ses fruits. Car la situation est délicate et le rendu de nos journées se voile devant autant de tensions. Jusqu'à maintenant nous sommes dans un processus exclusivement éducatif et nous pensons nous en sortir avec un peu de pugnacité et de vigilance. Nous ne faisons pas encore le lien entre le malaise, les yeux et son comportement impulsif.

Quelques jours plus tard, Léonie fait à nouveau un malaise avec cette fois ci une légère perte de connaissance. Il me faut à cet instant quelques secondes pour être en contact téléphonique avec S.O.S médecin. Sans le savoir, nous venons de mettre le pied dans la sphère des soins pédiatriques de notre pays.

- *S.O.S Médecin à votre écoute ?*
- *Bonjour, ma fille fait un malaise et je n'ose pas la transporter dans ces conditions.*
- *Désolé monsieur, nous ne sommes pas disponibles rapidement ! Comptez peut-être une heure. Vous pouvez appeler les urgences si vous le souhaitez.*

La note est donnée… Notre futur devient alors notre présent.

Après avoir raccroché, nous sommes contrariés de ne pas avoir trouvé secours dans l'urgence, Transpirante, Léonie reprend ses esprits. Elle nous avertit que les choses vont mieux. Nous lui demandons de faire quelques petits exercices d'équilibre, de balayer les yeux de la gauche vers la droite. Elle ne semble pas perdue. A ce moment-là, nos regards se croisent avec Cathy et je vois l'angoisse alimenter ses pensées. Devons-nous prendre une décision visant à pousser les investigations ? Devons-nous penser au pire ?

Nous avons rendez-vous avec le médecin quelques jours plus tard pour lui faire part de notre inquiétude. Après une auscultation, la conclusion tombe et repose sur quelques conseils élémentaires : du repos, un lever le matin bien assis sur le lit avant de pousser sur ses jambes et une bonne hydratation… Les décisions de faire une prise de sang et un contrôle par l'image ne sont pas retenues. Nous sommes secrètement rassurés de ce diagnostic qui éloigne de nos esprits un scénario catastrophe. Cependant nous ne nous doutons pas que Léonie couve une maladie que le corps médical et ses généralistes en particulier connaissent mal ou pire... ne connaissent pas. Il est difficile dans ce cas de l'anticiper ou même de la diagnostiquer.

Les jours passent et nous approchons de la fin du mois. Je décide d'organiser un week-end afin de retrouver un peu de sérénité au sein de notre famille ! Ces derniers jours sont encore marqués par de vives tensions que Léonie ne sait plus du tout gérer.

L'été est en avance et les chaleurs sont presque estivales en cette fin du mois de mai. Nous prenons la direction du Golfe de Saint-Tropez dans le Var pour le week-end de l'Ascension. Adeptes des voyages de dernière minute, nous dénichons un beau camping à la Garde Freinet avec un bungalow tout équipé. Les filles adorent ce genre de plan. Nous leur expliquons qu'il y aura la mer et une grande piscine. Les sourires illuminent les visages de chacun d'entre nous. Nous chargeons la voiture et le coffre est plein à craquer. Avec notre famille, que nous partions un jour ou une semaine, les volumes occupés sont toujours les mêmes. J'ai cessé de m'interroger à ce sujet ! Quelques virages sont nécessaires pour atteindre le Golfe. Léonie ne se plaint jamais de la route. Pourtant cette fois, elle me demande de ralentir car sa tête tourne et les nausées accompagnent son voyage.

Nous y sommes ! Le plan fonctionne à merveille. Nous bénéficions d'une promotion pour ce superbe bungalow de luxe livré hors saison avec une belle terrasse aménagée. Les exclamations des filles ne cessent de résonner autour de notre gîte. Nous allons pouvoir peut-être enfin apaiser les tensions.

Nous prenons rapidement le *chemin des salins*, petite route donnant accès à la mer, pour explorer les criques et observer de magnifiques poissons. Le vent est absent, la mer offre seulement quelques vaguelettes s'échouant à l'extrémité du rivage. Les eaux sont limpides et le beau temps apporte un éblouissant rendu carte postale à ces roches rouges et cette étendue de ciel bleu. La basse saison nous prive de l'afflux de touristes habituellement présents durant l'été dans ces lieux. Nous sommes terriblement heureux.

Notre activité principale se résume à la plongée snorkeling[2]. J'adore voir mes filles chercher les poissons et me signaler du doigt leur rencontre avec un mulet ou un rouget. Le masque semble tout petit devant leurs yeux écarquillés par l'effet de surprise. Parfois mes tympans réagissent à leurs cris puissants rendus sourds et ne trouvant pas d'écho par la pression de l'eau.

Une nouvelle petite alerte est à noter chez Léonie. Lors d'une nage nous éloignant du bord, elle est en difficulté pour revenir sur le rivage. Je veille les fois suivantes à limiter nos déplacements en longeant les rochers pénétrant la mer. La première journée s'achève et nous nous apprêtons à rentrer à notre bungalow pour préparer le repas. Nous sommes si heureux d'avoir pu profiter du soleil et de ces conditions excellentes de baignade.

Nouvelle contrariété, Léonie vient de tomber sévèrement sur les récifs à notre retour de la plage. Le bassin est touché, la blessure, bien ouverte, saigne abondamment à la pointe de l'os de la hanche. Nous désinfectons et nous pansons la plaie. Les minutes passent et les pleurs de Léonie s'estompent. La cicatrice va cependant l'accompagner de nombreuses semaines.

---

2. Masque et tuba

Je suis songeur. Léonie depuis sa naissance n'est pas exempte de chutes sévères heurtant ainsi les coins de tables ou les trottoirs de la tête jusqu'à se tatouer de jolies cicatrices. Je décide de lui expliquer avant de prendre sa douche comment elle peut optimiser une pente ou un obstacle. Je choisis notre terrain d'exercice au pied d'une rampe cimentée, habituellement réservée aux personnes handicapées. De côté, ou en canard, il s'agit de bien ancrer les pieds au sol et de ne pas trop se pencher en avant pour ne pas perdre l'équilibre tout en n'hésitant pas à jouer la balance avec ses bras. Et lui rappeler qu'il est aussi important de ne pas avoir ses mains encombrées par des objets divers en cas de chute. Léonie m'écoute avec attention et commence les petits exercices, vêtue encore de son maillot de bain. Cet épisode nous fait bien rire car parfois les positions semblent grotesques. Et Léonie conclut son entrainement avec quelques pitreries comme elle a l'habitude de le faire.

C'est la dernière fois que nous nous amuserons de ce contexte. Nous sommes à quelques jours du diagnostic. Nous nous apprêtons à revenir dans le Vaucluse. Le mois de juin approche. Nous allons au cours de ce mois connaître l'impensable et plonger dans d'interminables journées ponctuées de nuits sans fin…

Le diable à notre porte

Le mois de juin ne laisse en général pas beaucoup de temps aux jeunes parents. Les kermesses, les spectacles en tout genre, les réunions de fin d'année et les heures de travail suffisent à noircir nos cases d'agenda.

Depuis quelques jours je m'attarde à préparer nos vacances d'été. Cette année nous séjournerons aux abords des côtes portugaises. L'origine de mes grands-parents maternels m'a permis de garder des contacts avec mes cousines dans la magnifique ville de Porto. Nous sommes donc attendus début juillet dans la péninsule ibérique. Les billets sont commandés et tout le monde se fait une joie d'aller voir la famille du Portugal.

Nous sommes le 8 juin. A mon réveil Cathy vient m'annoncer que Léonie vomit depuis la fin de la nuit. Je suis surpris de n'avoir rien entendu mais n'est-ce pas là un défaut typiquement masculin ? Je me lève et je pars à la rencontre de ma fille allongée sur le lit dans sa chambre et privée d'école pour la circonstance. Elle me semble sereine, lisant tranquillement un livre. Nous nous saluons et elle n'oublie pas de me faire un grand sourire lorsque je la quitte. Pourtant je ne tarde pas à être spectateur de ses renvois à répétition. Pas moins de dix vomissements rythment sa matinée. Cette fois-ci, il n'y a plus de doute : Léonie souffre de quelque chose mais nous ne savons pas encore de quoi.

L'après-midi, je suis au travail. Catherine a posé sa journée pour gérer l'évènement. Elle bataille pour obtenir un rendez-vous en urgence chez le docteur. Elle ne se doute pas que cet appel sera le premier d'une longue série de prise de rendez-vous. A mon retour

24

du bureau, j'apprends que Léonie doit passer une I.R.M.[3] pour un contrôle. Le médecin soupçonne un problème à la tête. Pour la première fois je sens la peur me gagner. Je ne suis pas rassuré à l'idée que notre petite Léonie connaisse un problème de santé. Nous commençons à énumérer les potentiels accidents qui auraient pu endommager ses fonctions. Les chutes à répétitions se placent en première position et sa morsure de tique refait surface.

Je trouve un arrangement avec mon collègue de travail. Nous effectuons une bascule de nos horaires et je peux ainsi me libérer pour accompagner Léonie à l'hôpital d'Avignon. Nous sommes le vendredi 9 juin et il pleut fort durant les premières heures de la journée.

Il est 12 heures. Léonie est invitée à prendre place sur cette haute couchette froide et inconfortable avant d'être treuillée mécaniquement sous un énorme cylindre bruyant. Cathy l'accompagne. Je reste dans la salle d'attente et je n'arrive pas à trouver l'idée qui puisse me rassurer. Je regarde ce petit à côté de moi courir entre les chaises avec une maman qui peine à le calmer. Un sixième sens de papa veut m'alerter et me demande de me préparer à quelque chose. Je ne sais pas encore quoi. Quand je vois Cathy et Léonie revenir du fond du couloir avec un large sourire, je suis soulagé. Léonie me dit que tout va bien. Elle veut retourner à l'école. Ce lieu pour Léonie représente énormément de choses. Elle apprend, elle partage et elle découvre. Le soir, lors des dîners, c'est elle qui occupe l'espace en nous racontant une multitude de choses dont nous ne comprenons pas toujours la fin. Elle a rarement raté une journée et cette idée l'angoisse. Nous lui expliquons que nous attendons le compte rendu et que nous partirons après.

---

[3] Imagerie par Résonnance Magnétique

C'est alors que je vois trois médecins s'approcher. Nous sommes invités à les suivre. A cette minute, mon corps se met en alerte tel un cerf sentant le danger du chasseur en approche. Des lumières rouges brûlent mes yeux. Des sirènes résonnent dans mon corps et me font frissonner. Nous prenons place dans un tout petit bureau à la lumière quasi inexistante et aux murs de couleurs sombres. Je me place au centre de cette rangée de trois chaises placées devant ce bureau occupant tout l'espace à lui tout seul. Cathy s'assoit à ma droite et Léonie est à ma gauche balançant ses jambes, se demandant ce que nous faisons ici. Je lève les yeux et je vois ce tableau lumineux où se fixe dans l'angle gauche la radio de la tête de ma fille. Un silence s'installe. Il me semble interminable. Je sens instinctivement la nervosité des trois médecins dont l'un manipule un stylo en le faisant tourner entre ses doigts. Soudain, un docteur prend la parole.

-   *Votre fille présente une anomalie au niveau du cerveau et du pons plus exactement.*

Je me demande alors intérieurement à quoi peut ressembler un pons. J'ai très vite ma réponse, lorsque le médecin avec la pointe d'un crayon en définit le contour sur le tableau rétroéclairé. Il se situe derrière le cervelet entre la moelle épinière et le thalamus.

-   *Nous suspectons la présence d'un gliome,* ajoute cette femme vêtue d'une blouse blanche.

A nouveau je m'interroge sur la définition du mot gliome chez un enfant de dix ans. Je n'aurais pas besoin d'en savoir plus car Cathy se met à pleurer. Elle semble avoir compris plus vite que moi. Léonie enchaîne et, peut-être sans vraiment comprendre réellement la situation, prononce ces mots en saccades interrompues par les sanglots.

26

- Pourquoi ça tom_be sur moi ! Je n'ai vrai_ment pas de_chan_ce !

Cette situation confuse ne m'épargne pas et je sens mes yeux se mettre à briller. Le couperet tombe et ne nous laisse ni le temps de nous apitoyer ni de poser davantage de questions. Je crois que les docteurs ne souhaitent pas en dire plus en présence de Léonie. A l'unisson, ils demandent que notre fille soit transférée d'urgence à l'hôpital à Marseille.

A cet instant précis, je ne comprends plus. Je ne sais plus quoi dire ni quoi faire. Je perds le contrôle de la situation. Quelques minutes plus tard, Léonie est couchée sur un brancard. La voiture médicalisée fait son entrée sur l'aire de stationnement, cabossée sur son côté. Le chauffeur manœuvre pendant que le pot d'échappement de la voiture lâche une forte odeur de diesel. Un ambulancier ouvre les portes arrière. On pousse le lit dont les pieds se rétractent au contact du bas de caisse. Je vois le visage de Léonie disparaître au fond de l'habitacle. Elle est tranquille et ne pleure pas. Cathy monte à son tour et se place sur le côté pour accompagner notre fille. Les portes se referment et le véhicule quitte le parking de l'hôpital d'Avignon en prenant soin d'allumer sa rampe de lumière bleue fixée sur le toit. Il n'a pas fallu plus de quinze minutes pour que je me retrouve seul avec cette sensation désagréable que mes pieds collent au bitume de cette aire de stationnement réservée aux ambulances et aux taxis. Je fais un tour complet sur moi-même. Comment se fait-il qu'en seulement quelques minutes nous passons de l'idée de ramener notre fille à l'école à celle de la voir partir vers l'un des plus grands centres hospitaliers de la région ? Je suis perdu…

Je m'assois sur le trottoir et je tente de regrouper mes pensées. Cathy m'a dit discrètement dans le couloir quelques minutes auparavant que nous parlions d'un cancer ! Elle connaît bien ce monde. Avant de me rencontrer, elle a malheureusement déjà dû faire face à cette maladie jusqu'à la perte de son premier mari. Je pense à elle, je pense à ma fille.

Je quitte l'hôpital hagard, les mains accrochées au volant de ma voiture.

J'arrive à notre domicile. Je pousse le portillon, j'ouvre la porte principale et je me retrouve seul dans cette maison du bonheur. Le stress m'envahit. Je ne sais même plus ce que je dois faire. J'ai pour mission de composer un sac pour les filles. Penser aux affaires de toilette, aux chaussures, aux jeux, au doudou… Ma tête explose. Je m'assois, je me lève, je m'allonge et je pleure.

Une heure plus tard, le téléphone sonne. Cathy m'appelle. Elles sont bien arrivées. A entendre le timbre de sa voix et ses larmes transpercer mon écouteur, je conclus assez vite que la situation n'est pas bonne. Elle a déjà rencontré un neurochirurgien qui lui a confirmé la présence du gliome à la lecture des premières images. Je suis désolé que cela se fasse à un coin de porte sans ménagement et en mon absence. Cathy m'apprend qu'il s'agit bien d'un cancer incurable et que Léonie n'aurait plus que six mois à vivre. Mes jambes me lâchent. Je veux disparaitre. La violence du choc me pousse au fond du fauteuil de notre salon. Je dois voir quelqu'un. Je ne peux pas rester comme cela. La pression est si forte que je dois parler. Il me faut éclater cette bulle qui recouvre mon corps et qui m'étouffe sans relâche.

Je prends mon portable et j'envoie un texto à mes voisins, un couple à la retraite avec qui nous entretenons de très bonnes relations. Je tape sur des touches jusqu'à trouver leur nom avec mes doigts tremblants sur le smartphone. Les larmes tombent comme la pluie sur le verre fumé de l'appareil. Je les avertis que nous allons perdre notre enfant. Aussitôt je suis invité à me rendre chez eux. On me sert un verre d'alcool plutôt fort, on m'invite à m'assoir et je raconte le début de cette terrible journée. A mon tour de saccader ma diction entre deux sanglots. Peu à peu, la parole fait retomber la pression.

Je quitte les lieux après une heure passée chez mes compagnons de galère.

Je n'arrive cependant toujours pas à être cohérent dans mes idées et mes actions. Mes allers et retours sont incessants car je ne parviens pas à me concentrer. Je contrôle une dizaine de fois ce sac de voyage sans vraiment savoir si tout est glissé correctement dedans. Ce n'est que vers cinq heures de l'après-midi que je suis prêt à quitter les lieux pour me rendre au chevet de ma fille. Mes déplacements répétés et souvent inutiles me donnent juste l'impression d'avoir parcouru un marathon dans un couloir distribuant les pièces de la maison. Je suis épuisé.

Notre histoire avec le cancer connaît ses premières heures. Nos vies basculent sans ménagement.

Je quitte mon domicile. Nous devons encore réfléchir à une logistique de dernière minute pour notre fille aînée. Cathy appelle le conservatoire où Agathe prend son cours de danse de l'après-midi. Elle demande à lui parler en direct pour s'assurer qu'elle prenne bien la mesure de l'urgence que représente la situation. Une solution est trouvée dans la précipitation : Agathe ira exceptionnellement dormir chez son amie de classe.

Quant à moi, je suis cramponné à mon volant avec un cerveau qui doit faire face à un flux incessant de questions. J'ai mal et pourtant je ne connais rien de la maladie. Je roule sur l'autoroute en veillant à ne pas faire n'importe quoi. Je dois tenir compte de mon état de stress. J'annonce mon arrivée vers dix-huit heures trente selon les indications du GPS. J'omets cependant un paramètre important : le vendredi soir à l'entrée de Marseille, le trafic ressemble davantage à la bataille de Fort Alamo qu'à une balade sur la départementale 985 en Lozère un soir paisible d'été.

Je me projette sur la passerelle après avoir passé péniblement les Arnavaux à toute petite vitesse quand soudainement les voitures stoppent devant moi. Je suis contraint de faire de même. La situation s'éternise jusqu'à voir les automobilistes sortir de leurs véhicules. Le bruit des moteurs s'interrompt. Certains conducteurs quittent leur véhicule et tirent une cigarette d'un paquet enfoui au fond de la poche du pantalon. On fume autour de moi en contemplant le port de Marseille, ses bateaux et son complexe de voies ferrées. Malgré la situation je prends le temps d'admirer ce paysage urbain avec la mer à l'horizon, plongé dans une lumière chaude de la fin de journée. Assis dans mon véhicule, je me laisse emporter par les musiques diffusées à la radio locale en contemplant cette image aux ambiances carte postale. Des centaines de voitures sont à l'arrêt sur tous les axes suspendus que représentent ces gigantesques passerelles et ces énormes ponts. J'interpelle alors la personne la plus proche et lui demande si cette situation est coutumière des fins de semaine. Avec un accent prononcé et typique de la cité phocéenne, il me répond qu'il faut prendre son mal en patience et que cela peut parfois durer longtemps En outre ce soir-là, il reconnait un caractère exceptionnel à la situation et soupçonne un accident.

Le soleil commence à se cacher quand chacun remonte dans sa voiture pour redémarrer son moteur. Nous n'aurons, comme souvent dans les ralentissements, aucune explication sur les raisons de cet arrêt forcé de plusieurs heures. Il est presque vingt-et-une heure. Je suis en contact par téléphone avec Cathy et je sais que la situation est stable au centre hospitalier. J'arrive enfin sur le parking de cet imposant hôpital de Marseille. Je demande à voir Léonie. Je découvre une chambre vétuste, à la limite de la salubrité. En la balayant du regard, mes yeux s'arrêtent sur ma petite puce allongée sur un lit, vêtue d'une culotte rayée et d'un haut blanc. Son grand sourire témoigne d'une réelle satisfaction de revoir son papa. Une perfusion est déjà posée sur l'avant de son bras, proche de son poignet.

Je vais pour la première fois devoir apprendre à muer tel un squamate devant ma fille. Si la maladie vous tord, il est tout simplement impossible de laisser transpirer la moindre impression d'angoisse ou de tristesse devant la personne qui est censé mené le combat. Une véritable acrobatie qui vous ronge de l'intérieur et vous pousse parfois à jongler avec la vérité. Rire d'une situation quand votre cœur saigne vous apporte une sensation de mal-être. Je ne compte plus les fois où le dos tourné, les larmes ont mouillé mes yeux. La maladie ne vous laisse aucun choix et pourtant cette règle je l'appliquerai jusqu'à la fin.

Très vite, nous entamons, au calme et en dehors de la chambre, une conversation avec Cathy afin de faire le point sur la situation. Le tableau est sombre. Il semble que nous soyons dans une impasse. Nous nous serrons dans les bras mutuellement pour nous rappeler que nous allons devoir surmonter certainement l'un des évènements les plus difficiles de la vie de notre couple. Nous devons rester unis. Le service hospitalier m'impose un dernier effort en me demandant de quitter la chambre pour la nuit. La règlementation des hôpitaux est claire : un accompagnant par patient. Et puis, de toute façon, si j'avais voulu passer en force, il n'y a rien pour me coucher à part le carrelage entre les deux lits des filles, dans une chambre minuscule.

Je repars donc seul avec ma valise à roulette à errer dans les rues adjacentes de l'hôpital. La nuit est maintenant sombre et seuls les réverbères de la ville guident mes pas. Je cherche l'hôtel qui m'a été conseillé par le personnel en blouse blanche. J'aperçois au loin les néons faisant briller la marque de l'entreprise. J'entre et je m'annonce pour ensuite m'engouffrer dans l'ascenseur. Je ne sens plus mon corps. Il est bientôt une heure du matin.

Je m'allonge sur le lit et je regarde ce plafond sans trouver le sommeil. Je décide alors d'envoyer un message à quelques amis pour exprimer ma détresse. Ce n'est que bien plus tard dans la nuit que mes yeux vont se fermer et mettre enfin un terme à cette journée innommable !

Nous sommes le samedi 10 juin. Dans une telle situation les grasses matinées n'existent pas et n'existeront plus. C'est donc avec très peu d'heures de sommeil au compteur que je me lève et que je me précipite à l'hôpital. Léonie ne semble pas fatiguée. Ses vomissements ont cessé depuis qu'elle ingère du Zophren. Ses maux de tête ont été stoppés à l'aide de fortes doses de cortisone.

L'équipe médicale souhaite nous rencontrer pour aborder la maladie. Un oncologue et un neurochirurgien, le même que celui qu'a rencontré Cathy la veille, sont là. Nous entrons dans une salle aux larges pans vitrés d'un verre opaque dans laquelle le rangement ne semble pas une priorité. Des piles de dossiers recouvrent le dessus d'un grand bureau. Nous nous asseyons face à eux et attendons avec angoisse leurs premières analyses. L'oncologue prend la parole et résume en quelques mots le caractère incurable et inopérable de la maladie. Subitement, je lui coupe la parole pour répéter ce que Cathy m'a dit la veille.

-   *Léonie va mourir dans six mois ?*

Il me précise froidement que, selon les statistiques de la maladie, la survie se situe entre six et douze mois.

Cette confirmation me coupe à nouveau le souffle. Je dois quitter le bureau à peine la phrase achevée. Je me retrouve dans le couloir. Je ne sais pas comment traduire ce que mon hypophyse a pu relâcher à cet instant comme hormone censée réguler mon stress mais ma respiration m'est rendu quasi impossible. Ma tête pleure et se vide comme un seau d'eau que la tension subie la veille avait pris le temps de bien remplir. Je ne trouve plus l'interrupteur et mes jambes sont terriblement molles m'obligeant à me mettre à genoux sur le sol sans plus savoir où regarder, jusqu'au passage d'une infirmière me portant un peu de compassion.

Quelques minutes se passent et j'entre à nouveau dans le bureau pour accrocher une conversation entamée par le trio toujours présent. Je suis alors admiratif du self control de Cathy qui, malgré sa douleur, a su préserver l'échange avec les docteurs. On nous explique que face à cette maladie, il existe un protocole palliatif et national qui consiste dans un premier temps à réaliser une biopsie puis de la radiothérapie appuyée par de la chimiothérapie. Il faut bien comprendre que ces premières conversations face à ces médecins sont incompréhensibles. Le jargon de ces professionnels de la santé me plonge dans une conversation qui s'apparente alors davantage à un brouhaha qu'à une discussion constructive. Je décroche et mes pensées s'envolent déjà vers Léonie restée seule dans la chambre.

Pourtant il faut assimiler rapidement pour décider vite. On nous laisse le week-end pour réfléchir et déterminer si nous acceptons d'apposer nos signatures et paraphes en bas de page d'un protocole inconnu, dont nous ne maîtrisons pas du tout les risques. Nous sommes donc tenaillés entre faire ou ne pas faire après un entretien de trente minutes avec des professionnels du bistouri et du cachet. Nous savons maintenant que nous parlons d'un cancer du cerveau touchant essentiellement les enfants. Il est incurable et inopérable. Autrement dit c'est la catastrophe. Il se nomme GITC pour gliome infiltrant du tronc cérébral. Il attaque en général le pons, une zone essentielle dans notre fonctionnement puisqu'il est en quelque sorte la boite électrique d'un grand nombre de nos facultés motrices et cognitives. On le nomme en anglais DIPG[4]. Ce terme est souvent plus utilisé que le sigle français.

---

[4] Diffus Intrinsic Pontine Glioma

C'est le week-end. Je décide de remonter à Avignon pour ne pas laisser Agathe seule et lui expliquer la situation qui bouleverse nos vies à tous. Lors de mon voyage par autoroute, mon corps me somme de faire une pause. Mon esprit est en ébullition. Je suis épuisé de me laisser bousculer, malmener, torturer par les évènements. Je dois reprendre le contrôle de la situation si tant est que cela puisse être possible. Ma réflexion me pousse à penser que je ne peux pas décider sans comprendre. C'est tout simplement inconcevable. J'arrive dans notre impasse et, après avoir jeté mon sac de voyage au sol, je me précipite sur mon ordinateur. Je tape tous les mots que les docteurs m'ont jeté à la figure sans ménagement : DIPG, GITC, gliome, infiltrant, essais, tronc, chimiothérapie. Je préviens Cathy que je ne redescends pas tout de suite à Marseille. J'ai besoin de comprendre. Nous mettons alors en place une stratégie. Elle s'occupe de Léonie dans la chambre et je me charge de collecter des informations pour avancer sur la compréhension du gliome infiltrant du tronc cérébral... Tout un programme !

Après des heures de lecture je me rends compte que la situation est réellement compliquée. Pourtant, je n'aime pas ces docteurs rencontrés à l'hôpital. Annoncé la veille à mon épouse que notre fille allait mourir sans y mettre les formes m'a choqué. Nous pousser à signer un protocole sous prétexte que nous n'avons pas beaucoup de temps devant la maladie ne me plaît pas plus. Je ne voudrais pas rater une autre opportunité de traitements. Ce week-end me sert à alimenter ma base de données personnelle sur la maladie et à posséder un peu plus d'informations utiles pour évaluer les bénéfices-risques d'un tel protocole. Durant ce temps, nous mettons en place le calendrier avec les docteurs pour une biopsie le mercredi de la semaine suivante. Il s'agit de réserver un bloc opératoire surchargé le plus rapidement possible. Après tout cela ne nous engage à rien. Nous n'avons toujours pas signé d'autorisation.

Trois faits majeurs vont marquer le début de semaine. La première repose sur ma découverte d'un centre de recherche à Villejuif en région parisienne qui semble bien connaître ces tumeurs cérébrales. Un second point important sera la conversation avec notre généraliste. Comme nous, elle découvre la maladie. Elle me conseille de prendre un deuxième avis médical. Nous parlons alors d'un centre hospitalier à Paris spécialisé dans les maladies rares de l'enfant. Pour prendre une telle décision, il faut savoir s'il est préjudiciable ou non de faire voyager Léonie. Que risque-t-on ? Nos marges de manœuvre sont étroites et surtout nos sources d'informations sont peu nombreuses. Et enfin un troisième évènement qui peut paraître anodin dans sa forme viendra d'un proche qui m'envoie un texto me rappelant que je suis le chef de famille et qu'il me revient de n'oublier personne sur le bord du chemin en cédant à la détresse. Ces trois facteurs se relient et me propulsent vers une décision : nous allons visiter la capitale.

J'envoie alors un mail à l'institut de Villejuif afin de réclamer un entretien urgent durant notre présence à Paris. Pendant ce temps à Marseille, Léonie découvre le formidable personnel bénévole présent pour occuper les enfants dans une salle de jeu réservée. On découvre l'univers de l'hôpital avec tous ces petits cassés, opérés, bandés qui accompagnent Léonie dans une partie de cartes. Nous ne serons jamais assez reconnaissants de ces gens au grand cœur. Parfois nommées *Les blouses roses*, ces volontaires œuvrent chaque jour à rendre le quotidien de nos enfants plus agréable. Ils le font bien et apportent un véritable plus aux malheurs de ces petits patients. Patrick restera dans ma mémoire. A la retraite, il avait ce visage apaisant. Sur sa tête reposait de longs et lisses cheveux blancs et il n'était pas sans rappeler ce visage carré de Max dans cette série de *L'amour du risque*. Léonie l'aimait beaucoup.

Quant à nous parents, nous demandons à voir une ou un psychologue pour essayer d'amortir le choc rapidement mais on nous explique qu'il faut attendre plusieurs jours car l'intéressée est en congé. Il n'y a personne pour la remplacer. Ce sera le début et la fin de nos doléances.

Au cours d'une balade dans l'hôpital nous rencontrons une deuxième fois inopinément notre oncologue, dans un ascenseur bondé de patients et de médecins. Après les salutations de courtoisie, sa question va nous surprendre si l'on tient compte du lieu de cette conversation.

Il nous demande : « *Avez-vous réfléchi pour la mise en place du protocole ?* »

Mon envie de lui répondre que nous n'avions pas encore décidé pour la couleur m'a effleuré l'esprit. La porte s'ouvre et notre docteur s'échappe avec un paquet de dossier sous le bras. Nous lui demandons alors s'il est possible de se voir pour en parler. Sa réponse fut sèche et rapide avant que la porte grise et métallisée de l'élévateur ne se referme.

- *Oui ben pas aujourd'hui, je n'ai pas le temps !*

Nous ne verrons plus jamais ce monsieur durant la maladie de Léonie.

Nous sommes mardi. Je suis à Avignon pour appeler la terre entière. Je ne connais pas la réaction de mes interlocuteurs au téléphone et il est parfois difficile de trouver les mots justes pour annoncer une telle nouvelle. En fait, les choses se font naturellement c'est-à-dire dans la plus grande confusion. Les larmes pour certains claquent dans mon téléphone et je ne sais plus trop quoi dire car dans un pareil moment il n'y a plus de mot pour réconforter l'autre. Léonie est aimée de tous et je comprends le désarroi de chacun. En tous les cas, cet exercice est terriblement épuisant et rend ma journée un peu plus harassante. J'apprends alors à vivre avec mon nouvel ami inséparable et facile à transporter : le paquet de mouchoirs.

Cathy est au chevet de notre fille alors que je suis à Avignon afin de préparer notre départ. Elle demande à voir le médecin pour lui faire part de notre décision de quitter Marseille. Mais à plusieurs reprises on lui explique que le docteur n'est pas disponible. Elle entreprend alors de parler aux infirmières de la nécessité d'enlever la perfusion de Léonie. Subitement, comme un lapin sorti du chapeau, le médecin arrive, furieux. Cathy me raconte qu'il est entré dans la chambre en présence de Léonie pour leur dire sur un ton de reproche que ce que nous faisons n'est pas correct. Mon épouse lui fait savoir qu'il est regrettable qu'il le prenne sur ce ton et sans se démonter lui demande alors si nous devons prêter attention à un traitement quelconque durant le voyage. Il quitte la chambre et se retourne pour lui apporter sa réponse.

- *Vous n'avez besoin de rien, mais faites vite !*

Nous partons donc avisés, sans zophren ni cortisone et nous ne tarderons pas à le regretter.

A mon arrivée quelques heures plus tard sur les lieux, je demande à m'entretenir avec ce médecin pour lui motiver notre décision et j'espère glaner des informations utiles et supplémentaires pour les jours suivants. Je vois face à moi un homme posé et calme. Je décide donc de me mettre à son diapason. Je lui explique que nous avons besoin de plus d'informations et d'un autre avis pour prendre notre décision. Il me rappelle avec étonnement qu'il a déjà passé beaucoup de temps avec ma famille et qu'il ne voit pas ce qu'il peut faire de plus avant de me rappeler qu'il ne nous retenait pas. Il conclut en m'expliquant que les patients ne lui appartiennent pas. Il trouve cependant le temps ou la force de me mettre en garde et me demande de faire attention à certains *charlots* des hôpitaux de Paris. J'ai pensé alors que notre réunion ressemblait plus à l'ambiance d'un avant-match de football voyant s'affronter le Paris Saint Germain contre l'Olympique de Marseille qu'a un entretien avec l'espoir de progresser dans mes connaissances. La qualité de cet échange me surprend, m'agace et pour ne pas dire me déçoit. Cet homme n'a définitivement pas digéré notre décision de partir. Sa frustration met fin à cet échange creux. Il me serre la main et m'étonne une dernière fois en me souhaitant un bon voyage comme nous le ferions pour un voyage de noces. Un dernier rictus apparaît sur son visage traduisant selon moi une certaine nervosité. Nous nous quittons et à mon retour dans la chambre, je lis un message dans le couloir d'une affiche apposée sur le mur qui me fait grimacer :

Notre mission, vous soigner pas nous faire insulter…

En conclusion je n'ai pas réussi à en savoir plus de la part de cet homme. Notre décision de quitter ce lieu élimine alors toutes formes de regret. A aucun moment ces docteurs n'ont pris la mesure de nos attentes et la gravité de ce que cela représente pour des parents d'entendre que leur fille va mourir. Pour cette équipe, nous n'étions pas un cas à part nécessitant une approche post-traumatique mais une famille de plus à gérer dans une journée. Je conçois que chacun puisse être lourdement occupé mais il restera pour moi cette inconcevable manière de recevoir dans l'un des plus grand CHU de France. L'avenir nous démontrera que pour des soins palliatifs, il y a d'autres approches beaucoup plus humaines en termes d'écoute. Et pour conclure, quelques mois plus tard nous appelons cet hôpital pour récupérer notre dossier médical. Nous apprendrons que Léonie n'est jamais passée en juin à Marseille. Surprenant !

Mercredi. Nous sommes à la gare TGV d'Avignon en direction de Paris. Nouvelle épreuve, nouveau défi. Léonie se porte bien. Il a fallu mettre en place une logistique d'urgence d'accueil pour Agathe. Des amis se chargent de recevoir notre fille aînée durant notre absence des prochains jours. Moins de vingt-quatre heures après nos premiers appels téléphoniques, la nouvelle se répand comme une traînée de poudre. Des appartements aux quatre coins de Paris nous sont proposés. Une extraordinaire chaîne de solidarité se met en place. Nos cœurs se réchauffent après cinq jours d'une interminable solitude. Ces appels du cœur ne cesseront plus de croître et nous aurons durant la maladie de Léonie, un formidable soutien de gens magnifiques. Nous optons pour la solution de mon beau-frère qui par le biais d'un ami nous trouve un appartement au cinquième étage dans le 11e arrondissement.

Nous sommes à pleine vitesse dans le carré famille du train Avignon-Paris. Léonie me fait face. Elle porte son casque audio sur la tête, tenant dans sa main droite son lecteur Mp3 et dans l'autre un petit cahier de mots fléchés. Durant le voyage, je reçois un appel de l'Institut de Villejuif à la suite de mon mail envoyé en début de semaine. Je parle à l'investigateur du protocole. Sa voix basse et posée au téléphone me laisse supposer que cet homme est prêt à nous aider. Malheureusement, durant la conversation je prononce le mot *cancer* et Léonie l'entend. Je vois alors son visage se crisper pour laisser place assez rapidement à des sanglots. Ce mot n'avait pas encore été prononcé en sa présence et pour une enfant de neuf ans, cela a déjà un sens certain de maladie grave. Nous aurons beaucoup de peine à la consoler au milieu d'un train rempli de voyageurs médusés, s'interrogeant sur l'origine des pleurs de notre enfant. Je m'en veux et je maudis cette saleté de maladie !

Nous arrivons à l'appartement. Essoufflés par des dizaines de marches à gravir et par la charge de nos lourdes valises, nous rencontrons le propriétaire. Il se nomme Olivier. Il est comédien. Sa barbe et ses longs cheveux tirés en arrière lui donnent un style sympathique. Il nous reçoit avec une grande gentillesse et nous met à disposition l'intégralité de son logement. Quant à lui, il trouvera refuge dans la maison de son amie. Sa chatte nommée Pietra a déjà capté l'attention de Léonie. Ils deviennent rapidement inséparables. Léonie est cependant fatiguée et elle doit s'allonger. Nous lui arrangeons sa chambre avec un écran d'ordinateur pour accéder à la chaîne des films et séries à volonté. Les températures à Paris et dans le reste de la France ne cessent d'augmenter. Nous ne le savons pas encore mais la canicule va frapper le pays, rendant l'air de la capitale irrespirable.

L'absence de cortisone provoque ses premiers effets. Léonie se retrouve prise de violentes convulsions et vomissements. Son estomac résonne si fort que je m'interroge sur le besoin d'appeler les urgences. Mais après un quart d'heure qui m'a paru une éternité, Léonie me fait signe que cela va mieux. Durant quelques jours, j'en ai voulu à ce docteur Marseillais qui nous a laissé partir sans prescription. Il le savait ou alors a fait preuve d'une très grande négligence.

Le lendemain nous avons rendez-vous avec un professeur à l'hôpital pour enfants malades. Nous sommes bien reçus par une femme qui prend le temps de nous parler de la maladie. Nous sommes alors à la limite d'une conversation entre une mère et son enfant. Nous sommes proches les uns des autres. La conversation est intime, sans bureau nous séparant et imposant une hiérarchie dans la relation digne d'un premier entretien d'embauche. Je me rends compte alors que les hôpitaux ne travaillent pas tous avec les mêmes méthodes. Nous lui racontons nos tribulations depuis Marseille mais elle fait corps avec ses collègues et ne rebondit pas sur une éventuelle polémique.

Sa surprise est grande cependant quand elle apprend que Léonie n'a plus de cortisone. Aussitôt une prescription est faite par son assistante et nous pouvons nous en procurer pour soulager la pression provoquée par la tumeur. Elle confirme malheureusement le DIPG à la première lecture de l'IRM. Elle élimine l'idée d'une exérèse de la tumeur présentant un risque majeur, pour ne pas dire fatal. Elle nous explique l'intérêt d'une biopsie. Cette dernière consiste à faire un prélèvement d'un morceau de tumeur en traversant à la fois la boite crânienne et le cerveau. Nous apprenons alors qu'elle travaille étroitement avec l'institut de Villejuif dans le cadre du protocole qui nous a été proposé à Marseille. Sa personnalité avenante nous rassure. Il nous reste à rencontrer le responsable de l'essai à Villejuif dans quelques jours et nous pourrons ainsi décider si nous validons cet acte chirurgical.

Nous sommes prévenus que, de toute façon, une semaine est nécessaire pour obtenir une place au bloc opératoire. Nous décidons donc de sortir et de nous promener avec Léonie, fatiguée, dans Paris. Nous nous rendons à la tour Eiffel pour pique-niquer sur le Champ de Mars sous une chaleur de plus en plus accablante. Mon frère nous rend visite avec sa famille et la tension retombe un peu. Les médecins sont disponibles par messagerie et nous sommes enfin rassurés de stabiliser un bateau parti en pleine tempête quelques jours auparavant. Cela n'enlève rien à la gravité du diagnostic. Nos jours et nos nuits sont difficiles. Je me revois marcher avec Cathy dans un petit jardin juxtaposant l'hôpital construit quelques années plus tôt. Nous parlons sans cesse de la maladie. Je regarde ces enfants malades et je me dis que certains ont dans leur malheur cette option de pouvoir se battre avec l'aide d'un traitement existant. Ce n'est pas notre cas. Nous sommes désemparés ! De toutes les maladies nous héritons de l'une des plus morbides. Quelle tristesse !

Le jour du rendez-vous à Villejuif, nous découvrons un médecin mal rasé, en basket, pantalon Jeans, et chemise colorée. C'est surprenant quand nous sommes habitués à rencontrer des hommes tous vêtus de blanc. L'entretien est chaleureux et nous apporte des précisions concernant le protocole. A propos de la radiothérapie, je l'interroge sur les effets secondaires d'un tel traitement. Le docteur me précise qu'il est indispensable pour tenter de stopper une progression rapide de la maladie. Et puis, de toute façon vous ne trouverez pas de médecin vous parlant des effets secondaires des rayons pour un DIPG, il n'y a plus de patient à long terme encore en vie pour en témoigner !

J'ai lu des informations intéressantes sur internet lors de nos promenades les jours passés à propos de la protonthérapie. Une nouvelle machine est présente au centre de la méditerranée à Nice. Elle offre l'avantage de cibler les zones à traiter en épargnant davantage les zones saines. Je demande au docteur si cela est envisageable. Il me répond que non car la radiothérapie a besoin de balayer une tumeur infiltrant les tissus. Je lui demande quand même si pour ce type de cancer, la protonthérapie a déjà été utilisée. Sa réponse est identique. Nous mettons le doigt sur toute l'ambiguïté de notre recherche et des protocoles. Quand un médecin a un marteau et une tenaille, il lui est tout simplement impossible de travailler à sa guise avec une scie ou un tournevis. La réglementation de ces protocoles ou essais cliniques est si stricte qu'elle finit par juguler le champ des explorations, ralentissant ainsi sérieusement l'avancée des recherches. Autrement dit tant qu'il n'y aura pas un protocole appelant à utiliser de la protonthérapie, nous ne saurons pas si cela peut être bénéfique pour un patient. D'autant plus que lorsque nous savons qu'avec le DIPG, les essais ne sont pas légion et que ces mêmes essais sont parfois très longs avant de tirer la moindre conclusion, l'espoir de voir des découvertes à court terme est faible. Malheureusement, avec le DIPG, nous parlons d'une maladie terrassant les enfants en quelques mois. Je reviendrai plus en détails après sur mon impression concernant ces essais.

Ce médecin m'avouera qu'une marge de 5 % existe dans les erreurs de diagnostic se basant exclusivement sur l'imagerie. C'est uniquement cette donnée qui nous décidera à faire pratiquer cette intervention chirurgicale. Nous misons sur cette chance d'un retournement de situation de dernière minute avec une erreur d'appréciation. Personnellement, j'ai plus ou moins renié la maladie de ma fille jusqu'au résultat de la biopsie. Je n'arrivais tout simplement pas à accepter ce terrible diagnostic.

Nous sommes le 20 juin. Léonie se réveille après une lourde opération à la tête que représente une biopsie couplée à une dérivation. Une dérivation[5] est posée pour faciliter le transit du liquide céphalorachidien vers le péritoine. En effet le volume de la tumeur presse le cerveau contre la paroi du crâne et empêche ce liquide de circuler correctement et naturellement dans son espace

---

[5] Shunt en anglais

dédié. Avec la dérivation, la pression, les maux de tête et les vomissements sont ainsi beaucoup mieux maîtrisés : une plomberie de haute définition en quelque sorte. Ce liquide est utile pour amortir les chocs du cerveau, nettoie les déchets présents dans cette zone et renforce, par sa composition naturelle, l'immunologie de notre cerveau.

Nous sommes autorisés à entrer dans la salle de réveil en soins intensifs. En découvrant son visage déformé, tuméfié, gonflé, jauni par la Bétadine, avec son énorme bandage autour de la tête, nous ne reconnaissons plus Léonie. Ses gémissements et ses divagations sont nombreux et pour des parents, cette vision est tout simplement insupportable. Nous sommes déjà en train de regretter nos choix. Les bips et les sonneries dans cette grande salle de réveil où se pressent de nombreux chirurgiens masqués et malades sont oppressants. Les cris simultanés des enfants se réveillant après un passage aux blocs opératoires nous tétanisent.

Léonie remonte en chambre environ deux à trois heures plus tard. Elle peut se reposer mais n'oublie pas de nous faire des blagues avec l'idée cachée de nous rassurer. Une fausse moustache avec sa banane ou son boudoir nous amuse. Très rapidement nous comprenons qu'elle mesure l'envergure de la situation. Elle ne veut pas nous rendre triste ou susciter de l'angoisse autour d'elle. Elle ne veut pas endosser cette responsabilité. Malgré notre énergie à dissimuler notre chagrin, il faut bien avouer que nos visages ne respirent pas le bonheur et cela qu'on le veuille ou non. Elle commence peu à peu à se battre et à produire de nombreux efforts pour nous témoigner sa gratitude d'être proches d'elle. On l'aime fort notre petite Léonie.

Nous sommes le 21 juin. C'est le jour de la fête de la musique. Cet après-midi, nous profitons de la visite de Julien Doré à l'Auditorium de l'hôpital. Les enfants en parlent dans les couloirs et même si Léonie est fatiguée, elle souhaite se rendre au spectacle. La petite salle se remplit peu à peu dans une ambiance que je trouve très pesante en voyant tous ces jeunes équipés parfois d'une potence, d'un brancard, de chaises roulantes ou de masques filtrants ne laissant pour certains que leurs yeux apparaître sur un visage sans cheveux. L'artiste fait son apparition et les premiers applaudissements claquent dans une salle comble. Je suis assis à côté de Léonie et malgré son handicap sévère provoqué par l'opération, je la vois chanter en faisant vibrer l'extrémité de ses lèvres. Elle tente de secouer la tête encore habillée de ce gros pansement qui lui serre et gonfle les joues. Cathy est derrière nous. L'émotion, la situation et le fait que nous prenons conscience que nous ne contrôlons plus grand-chose, nous portent les larmes aux yeux. Tout est difficile et nous sommes écroulés par la tension nerveuse des derniers jours. Je me demande encore pourquoi le destin ne m'a pas autorisé à accompagner Léonie à l'école ce 9 juin 2017. Pourquoi suis-je si loin de ma maison avec ma fille cabossée, ma femme qui sèche ses larmes dans mon dos et moi qui regarde ses enfants s'amuser alors que la vie leur prépare pour beaucoup un sale tour ?

Nous écartons l'idée d'une dédicace photo avec l'artiste car Léonie après s'être vue dans le miroir de l'ascenseur en descendant dans la salle de spectacle, nous avoue se trouver très moche. Notre petite Léonie est coquette et il est hors de question qu'elle ternisse son image de princesse. Désolé Julien, pas de photo pour cette fois ! Nous repartons cependant avec un T-shirt dédicacé. Et si Léonie n'était pas fan auparavant de ce chanteur, il faut reconnaître que tout l'été, nous l'entendrons fredonner avec joie quelques airs de Julien Doré diffusés à la radio.

Notre séjour à Paris est presque terminé. Les infirmières coupent le pansement de Léonie. Son visage a perdu ses traits déformés. Nous devons mettre en place le lieu et le calendrier de la radiothérapie. Nous optons pour le centre de Montpellier car nous ne souhaitons plus retourner à Marseille. Nous demandons que les médecins de Villejuif suivent notre fille car nous avons une pleine confiance avec l'équipe. Promesse est faite et nous devons recevoir en décembre une convocation du chirurgien pour un suivi. Nous n'aurons jamais de rendez-vous. Je comprends bien plus tard que vivre avec un enfant condamné par la maladie ne bouleverse ni le calendrier ni les émotions apparentes des médecins rencontrés. Le fossé qui sépare le corps médical de leurs patients repose selon moi sur la différence émotionnelle qui anime chacun des protagonistes de la rencontre. Une famille raisonne avec une grande dose d'affect et s'oppose souvent à un médecin qui réfléchit pour répondre à des questions généralement plus techniques et médicales, ne s'accordant que quelques minutes par jour à subir le regard des enfants malades. Ce constat explique que le contact est beaucoup plus chaleureux et humain avec le personnel d'aides-soignants. Pour ces derniers, la tâche peut être parfois beaucoup plus rude. Ces hommes et ces femmes sont au chevet des enfants comme les parents, ils supportent les cris et les pleurs au quotidien. Les meilleurs des médecins sont, selon moi, ceux qui ont la capacité de réfléchir à la maladie et de prendre le temps de s'asseoir avec les familles pour les comprendre.

Pour ces raisons, nos relations avec le corps médical vont peu à peu devenir plus ambiguës. Pourtant, nous ne voulons pas de confrontation ou d'un match qui verrait s'opposer famille contre docteur. Or, dans un travail de soins palliatifs, nous prenons lentement conscience que la mission première des docteurs n'est plus d'essayer de sauver à court terme un enfant des griffes du

DIPG. Le corps médical a besoin de votre enfant afin de comprendre la tumeur ou la réaction d'un médicament pour espérer soigner tous les enfants de demain. Et cela change beaucoup de choses pour chaque famille concernée.

Il faut admettre que nos analyses en conditions normales et sans stress majeur peuvent être en général limpides mais elles se brouillent très largement dès la sentence du diagnostic. Dans un tel environnement, nos choix et nos décisions peuvent peser très lourds dans la balance L'émotion qu'a suscité le diagnostic vous affaiblit dans votre capacité à comprendre et à décider. Si une personne vous demande de lui céder votre maison en échange de sauver votre enfant, vous le ferez certainement. En tous les cas c'est le ressenti que j'ai eu les premiers jours. J'aurais bien fait don de n'importe quoi pour dépasser l'inacceptable. Cela m'a poussé à apprendre davantage sur la maladie pour renforcer mes prises de positions. Au fil du temps, j'ai aiguisé mon sens critique au sujet de ce que je pouvais lire ou entendre. Je pars donc de ce constat pour affirmer que nous devons impérativement améliorer les conditions d'accueil des parents pour l'annonce d'un tel diagnostic. Le fracas et la complexité des mots, ne doivent pas se résumer par un choc frontal entre un chirurgien et une famille. La présence d'une équipe experte en soins palliatifs doit être imposée pour guider chacun d'entre nous. Nous le faisons après un drame de la route ou un attentat avec des cellules dites de crise. En quoi une maladie incurable de votre enfant épargne davantage les proches et le patient ? La maladie légitime-t-elle plus la mort que toutes autres raisons ? Améliorer le parcours des familles en accompagnant toujours mieux servira à limiter les traumatismes post-diagnostic jusqu'à la perte de son propre enfant et bien après.

Une biopsie sur le tronc cérébral n'est jamais obligatoire d'autant qu'elle représente un grand risque pour le patient. Cependant elle permet en cancérologie de confirmer ou d'infirmer. C'est le seul moyen à ce jour permettant d'identifier à cent pour cent la mutation des cellules et ainsi de lever définitivement le doute sur la présence d'un cancer du tronc cérébral. Comme dit précédemment l'imagerie seule peut amener à des erreurs de diagnostic dans certains cas. La biopsie permet aussi de cibler le traitement en identifiant des mutations moléculaires. Elle prépare en amont ce que l'on nomme un traitement ciblé. Dans notre cas, nous n'obtenons aucun ciblage pour notre fille. Le médicament est alors randomisé : une tombola qui se rapproche plus d'un effet placebo selon moi.

Je suis curieux de connaitre le nombre d'enfants DIPG connaissant un véritable ciblage après cet acte chirurgical. Nous n'aurons pas la réponse car les publications à ce sujet ne sont pas nombreuses. Mon analyse très personnelle me fait conclure la chose suivante. Les docteurs offrent trois molécules aux effets de guérison limités. On sait que ces trois cachets en monothérapie ne soigneront pas et ne sont pas la solution aboutie d'un traitement DIPG. Ce n'est pas ubuesque de le dire car ces médicaments sont inclus depuis quatre ans dans un protocole. On misera pour dix, vingt ou trente pour cent de patients qui réagiront favorablement avec un ralentissement de la progression de la tumeur dans un laps de temps limité. Et ce petit plus comble aussi un vide en la matière, observé après des décennies d'une disette protocolaire.

Selon moi, ces molécules ont avant tout un effet rassurant pour des parents paniqués. Elles donnent un sens à une biopsie à haut risque qui ne se veut pas à but thérapeutique proche mais avec un objectif de mieux comprendre la tumeur. Avant la mise en place des biopsies, il n'y a pas si longtemps, nous ne connaissions pas grand-chose de ce cancer hormis par des études et des analyses post mortem.

Tout cela je me l'explique bien plus tard avec un esprit plus reposé. Le personnel de ces hôpitaux n'a jamais été très clair sur les risques d'une biopsie ou d'une chimiothérapie. Nous ne sommes évidemment pas contre des médecins qui cherchent mais ce manque d'insistance pour nous avertir que la biopsie peut paralyser votre enfant, endommager ses perceptions cognitives, étendre la tumeur à la zone de passage de la ponction, relève d'un manque flagrant de transparence de la part de nos savants. A l'inverse, il est assez facile de comprendre que si tout est expliqué avec insistance et précision, peu de parents feront ce choix devant les risques encourus pour leur enfant encore en vie. La décision et la problématique reposent donc sur l'idée de savoir si votre enfant doit ou non être le cobaye d'une science qui ne peut parfois se passer d'essais ou d'opérations à risques pour améliorer ses connaissances ? C'est une question difficile pour des parents et y répondre sans véritablement connaître les bénéfices-risques s'avère très compliqué.

Malheureusement, pour le moment le cancer du DIPG n'a pas rencontré de molécule suffisamment performante pour mettre à bas ces cellules malignes. Il s'installe alors une relation difficile entre les parents et les médecins. L'émotion, la fatigue, la sensibilité de chacun, les mots du médecin empêchent de rendre les choses sereines.

Cette grande parenthèse étant faite, nous quittons Paris. Ces observations ne viendront que plus tard et pour le moment nous optons pour débuter la chimiothérapie palliative, faute d'avoir trouvé autre chose de plus convaincant à ce moment-là. Une

50

sensation prémonitoire me traverse alors l'esprit en quittant l'hôpital.

- *Cathy, maintenant, j'ai l'impression que nous allons être seuls !*

Rayons et soleil

Nous sommes accueillis comme de véritables soldats revenant de la guerre. Les étreintes sont nombreuses et nous lisons sur le visage de chacun le soulagement que représente notre retour à trois de la capitale. Afin de remercier les personnes de leur soutien, nous organisons une belle soirée à notre domicile. Chacun arrive avec sa spécialité culinaire et la machine à bière hydrate les plus assoiffés. Il est bon de voir plus de cent personnes piétiner notre pelouse avec un verre à la main, partageant de nombreuses conversations. Cette même maison m'a paru si vide le jour du diagnostic. On se prend en photo, avec ou sans les grimaces. Léonie se place au centre de l'image comme pour témoigner de notre bonheur de la savoir debout avec nous. Nous commençons, elle et moi, à user de petits signes de complicité. Le pouce levé, le give me five, le check métal…. Nous ne nous en séparerons plus jamais et ils seront les témoins d'une complicité extrêmement forte avec ma fille.

Nous devons commencer cinq longues semaines de radiothérapie à haute dose. Nous sommes invités à prendre rendez-vous avec les hôpitaux de Montpellier. Contrairement à Paris, les traitements et le suivi se font dans des centres distincts séparés de quelques kilomètres. Ce détail a son importance. Dans le cadre de la maladie longue durée nous bénéficions du service de transport en ambulance-taxi. Quand la journée nous impose plusieurs rendez-vous, les taxis ne vous attendent pas et c'est alors à nous de patienter pour la nouvelle prise en charge. Il ne faut pas oublier que Léonie est encore très fatiguée et que les grosses chaleurs de cet été 2017 plombent l'énergie des plus endurants.

Nous prenons l'habitude des couloirs d'hôpitaux. Nous apprenons à patienter. Nous découvrons le jeu des étiquettes. Ces petits autocollants regroupent les informations du patient et permettent à l'hôpital d'avoir le tracé de la consultation. Sans eux, vous n'êtes qu'un visiteur lambda dans un immense hôpital français. Nous sommes à nouveau invités à faire une interminable queue pour les obtenir. Nous rencontrons une multitude de médecins. Le premier d'entre eux est le docteur délégué par Paris pour assurer le suivi du traitement.

Lors de l'inscription à l'accueil, on vous annonce le numéro d'un bureau pour la consultation. A la manière de la recherche d'une chambre d'hôtel, vous remontez le couloir avec votre enfant à la main. Sous les regards perdus de patients assis sur des chaises soigneusement fixées au mur, vous cherchez tête en l'air le numéro sésame. Le docteur est dans la pièce. Nous frappons sur une porte ouverte et nous sommes alors invités à entrer pour prendre place. Pour moi, ces entretiens représentent une grande angoisse. Je me souviens du mot *cancer* dans le train en direction de Paris et je ne veux pas reproduire d'autres maladresses. Afin de ne pas commettre l'irréparable, nous avons pris l'habitude de débuter l'entretien avec Léonie puis de lui demander si elle avait des questions et dans le cas contraire de l'inviter à jouer dans la bibliothèque ou de patienter dans le couloir. Cela a l'avantage de parler clairement aux docteurs et d'aborder plus sereinement les obstacles attendus de la maladie.

Le docteur se présente et nous peint le tableau assez rapidement. Il est ici parce que Paris l'a délégué pour le suivi de notre fille mais ajoute que cette maladie n'est pas sa spécialité. Il nous fait comprendre qu'il assurera cependant un suivi avec l'aide de son confrère oncologue pédiatre. Nous comprenons que nous avons donc droit au service minimum et qu'il ne faut pas s'attendre à de grandes initiatives personnelles de sa part. Je commence à saisir que ce DIPG ne connaît pas beaucoup de docteurs spécialistes, hormis dans quelques centres en France. Au fur et à mesure du parcours, nous allons assembler des pièces à la façon d'un puzzle et comprendre pourquoi après des décennies de recherche, cette maladie n'offre pas plus d'espoir aux patients souffrant d'un gliome infiltrant. Le vide représente souvent l'une des raisons principales.

Nous reprenons la route et nous rencontrons ensuite la spécialiste radiothérapeute, une femme imposante par sa grande taille et sa carrure aux larges épaules. La procédure nous est expliquée. Nous aurons rendez-vous la semaine prochaine pour faire un masque en plastique thermique. Il permet de protéger les zones non traitées. Ce masque à l'origine mou prend la forme de votre visage et est ensuite trempé dans l'eau, ce qui a pour réaction de le rendre dur comme du fer. Il est rangé après un traitement et se réutilise pour chaque séance quotidienne de radiothérapie.

Nous rencontrons ensuite les préparateurs responsables de la distribution de la chimiothérapie. Ces médicaments sont donnés au compte-goutte et on nous demande de bien retourner les boîtes vides à chaque échange. Nous repartons donc avec nos cachets pour un mois de traitement censé agir comme un inhibiteur de tyrosine kynase. Je laisse aux plus curieux le soin de se faire leur propre recherche à ce sujet.

Concernant cette chimiothérapie, et pour expliquer ce qui motive rapidement notre souhait d'arrêter ce traitement, il faut analyser plusieurs paramètres. Tout d'abord cette molécule fait partie de celles provenant des recherches en cancers adultes. La contradiction repose sur l'idée qu'une majorité de chercheurs du monde s'accorde à dire que, pour soigner les cancers du cerveau des enfants, nous devons oublier les parallèles avec ceux des cohortes adultes. S'ils portent le même nom ou occupent les mêmes organes, ils n'ont souvent rien à voir dans leurs compositions et mutations moléculaires. Par ailleurs, ce médicament est sur le marché de la pédiatrie depuis des années. S'il avait dû faire ses preuves de manières spectaculaires, je pense que certains se seraient déjà chargés de le faire savoir !

Depuis notre retour de Paris, je n'ai qu'une obsession : comprendre la maladie et analyser tous les traitements existants. J'abordais précédemment la délicate position de nos médecins cliniciens face à un protocole : il faut bien comprendre que le jeune patient et sa famille n'ont pas un gros livre mis à leur disposition pour choisir lequel des essais et traitements palliatifs conviendraient le mieux. C'est beaucoup plus compliqué que cela. Pour le cas d'un enfant mineur, c'est aux parents de décider de la piste à suivre. Ce chemin est d'autant plus étroit que vous quittez l'unique protocole national. Afin d'être clair, le médecin A a son protocole et il le défend. Jamais on ne nous a proposé de rencontrer le médecin B pour aborder la solution d'un autre essai. Les passerelles existantes entre les différents centres sont difficiles à franchir. Je n'aborde pas le problème de l'information mise à la disposition des parents concernant les essais cliniques à l'étranger : elle est quasi-inexistante. C'est aux parents de plonger dans les publications médicales d'internet pour prendre connaissance des travaux entrepris dans le monde. Et quand, en France, on vous explique qu'il n'y a qu'un seul grand protocole sans véritable résultat, votre réflexe est d'aller voir ailleurs et d'envisager un traitement à l'étranger. Un autre paramètre important concerne les associations de notre pays. Je prends contact dès le début du mois de juillet avec certaines d'entre elles. Souvent, parmi ces bénévoles, nous trouvons un de leur membre ayant perdu un enfant du cancer. Il s'agit donc d'un témoignage et d'un soutien utiles devant le vide existant des structures d'informations allouées par les services sociaux pour soutenir les familles. Pour ma part avant tout chose, je veux comprendre les symptômes et les risques de la maladie... Et ces associations me parlent de la cortisone, de certaines chimiothérapies, de radiothérapie, de sonde nasogastrique, des essais internationaux... Elles sont assez bien placées pour avoir vu ou soutenu des enfants partis de complications tumorales et parfois médicamenteuses. La maladie cogne très fort et trouver une oreille attentive à travers ces associations est important dans la durée. J'apprécie donc la capacité et le niveau d'écoute de ces hommes et femmes «désenfantés». Je sais que ce mot ne se trouve pas dans la langue française mais je l'utilise car il n'existe pas à ce jour d'adjectif précis pour définir des parents ayant perdu leur enfant. On parle de veuf ou de veuve pour un couple ou d'un orphelin sans ses parents mais quand il s'agit de nommer l'enfant décédé, notre langue pourtant si riche en vocabulaire reste étrangement silencieuse. Ni les académiciens, ni notre administration n'ont su créer un terme adapté à cet effet. Selon moi, cette absence est un signe que le décès d'un enfant n'est toujours pas pris sérieusement en compte au sein de notre société.

En résumé, il est important de faire le tri dans ce chaos d'informations. Un essai ou des soins palliatifs ne constituent pas des traitements de seconde zone. Ils ont pour objectifs de soulager ou de rechercher l'action d'un médicament sur le patient et sa maladie. Et à ce stade le DIPG n'est pas exempt de traitement entraînant des complications dégradant le métabolisme de l'enfant. Nous sommes donc avertis, il est important de mesurer les effets secondaires dans nos choix thérapeutiques. Ainsi, en ce qui nous concerne, le divorce avec le protocole national sera prononcé dès la fin de l'été 2017 au profit d'une recherche sur d'autres essais existants en France et à travers le monde.

Vingt-cinq séances de radiothérapie sont programmées, cinq par semaine, à raison d'une par jour, avec une puissance de 1,8 gray chacune. Alors que nous pensions faire les allers-retours quotidiennement, notre radiothérapeute nous conseille vivement de résider sur place le temps du traitement. Un ami à Montpellier répond à notre appel et nous héberge ainsi durant les cinq semaines de traitement. Il est à ce sujet important de rappeler l'importance des relations et des réseaux entourant une famille touchée par le cancer de son enfant. Si nous avons la chance de posséder un socle solide de relations et de rencontrer un grand nombre de gens solidaires, ce n'est pas le cas pour tout le monde. Et, parfois, c'est au cœur de la cellule familiale que les choses explosent. Il est important d'avoir un système d'accompagnement le plus réactif possible mettant en place des solutions adaptées et rapides afin de pallier ces difficultés supplémentaires. Souvent ce sont les associations les plus promptes à entamer un dialogue avec les parents car aujourd'hui les réseaux sociaux et le système de mailing autorisent une mise en communication rapide des deux acteurs et ce bien avant un médecin ou un service de l'Etat. Pour prendre un exemple, lorsque votre enfant décède de la maladie, vous n'avez que quelques jours pour préparer ses funérailles et surtout pour assurer les dépenses qui y sont liées. L'association alertée peut très vite y répondre par un virement, et bien avant un service d'aide.

Il est neuf heures trente du matin. Léonie est avec nous dans la salle d'attente pour sa première séance de radiothérapie. Je suis à la fois écœuré et terriblement triste d'être obligé de passer par ce traitement destructeur pour ma fille. Je sais que ces rayons sont nocifs mais nous apprendrons au cours de la maladie que nos choix n'en sont plus vraiment depuis longtemps. Nous traversons un corridor où se retourner est impossible et où les carrefours sont peu nombreux.

Un petit carton bleu est donné à Léonie pour qu'elle suive son traitement au jour le jour. Elle pointe d'une croix une case marquant son passage quotidien. Elle s'en amuse et elle n'est pas avertie volontairement des risques d'un tel traitement. Je la vois partir à sa première séance avec l'assistante. Elle se retourne et me fait un grand et beau sourire gravé à jamais dans mon esprit, une manière de nous rappeler de ne pas nous inquiéter. Dix à quinze minutes environ sont nécessaires par session. A son retour son visage est marqué pour ne pas dire quadrillé par l'empreinte du masque. Nous en rions même si Cathy et moi savons que nous avons franchi un nouveau pas dans l'impensable. Léonie nous dit que cela ne fait pas mal. Malheureusement le soir nos craintes se confirment et alors que nous dînons avec notre ami à Saint-Jean-de-Védas, Léonie subit de violents vomissements dus aux rayons. La fatigue s'installe peu à peu.

Quand nous sommes loin de notre domicile, il faut occuper les journées. Heureusement, les environs de Montpellier offrent de nombreuses options pour la baignade. Nous y sommes presque tous les jours en début ou fin de journée pour limiter les effets du soleil sur la tête de notre protégée. Durant cet été 2017, Agathe a préféré répondre aux invitations des amis et de la famille. Elle part dans un premier temps près de Nice et terminera dans un camping dans le Gard. Ce choix est motivé par l'idée qu'il n'est guère utile et plutôt préjudiciable pour elle de nous suivre de longues heures dans les couloirs d'hôpitaux. C'est une manière selon nous de la protéger d'un environnement difficile et de lui éviter plus d'inquiétude que nécessaire.

Chaque semaine, nous devons nous rendre dans les hôpitaux de Montpellier pour une visite en pédiatrie et contrôler les effets indésirables probables de la radiothérapie et de la chimiothérapie. Lors de notre deuxième rendez-vous, nous sommes invités à rejoindre la file d'attente pour obtenir nos satanés étiquettes, la secrétaire du service pédiatrie ne nous attend pas et encore moins les infirmières pour la prise de sang. Naïvement peut être, nous pensions que tout serait en place à notre arrivée. Nous attendons notre docteur rencontré la semaine précédente. Surprise ! Une femme passe la tête dans l'entre-porte afin de s'assurer de se trouver dans le bon couloir. Elle entre. Le battant claque derrière elle, repoussée par un énorme ferme-porte. Elle se présente et nous explique remplacer le docteur attendu et parti en congés. Devant autant de flou pour une visite de contrôle, notre patience commence à s'égratigner. N'oublions pas que nous avons avec nous Léonie fatiguée par le traitement et la chaleur. Très vite, nous constatons que cette femme connaît à peine le prénom de notre fille. Nous allons guider l'entretien et lui rappeler qu'il faut procéder à une prise de poids et de sang et ses réponses sont assez simples devant nos questions de la semaine.

- *Je ne sais pas, je ne suis pas une spécialiste de cette maladie !*

Elle a cependant la délicatesse d'ajouter qu'elle se renseignera et qu'elle prendra le temps de nous appeler pour nous informer dans la semaine. Notre agacement est monté d'un cran.

La semaine suivante, nous avons un autre médecin qui ne sait pas plus nous informer. En conclusion, cette visite s'assimile à une visite chez le généraliste avec une palpation de l'estomac et un fond de gorge. Nous sommes assez consternés de cette organisation devant la gravité de la maladie. Puis nous apprendrons que notre docteur tant attendu ne sera plus en charge des consultations de Léonie. Nous sommes présentés à un nouvel oncologue. Si le manque de communication de la part des autres médecins a pu faire défaut, avec ce nouveau praticien inconnu, nous sommes proches du nirvana. Si bien que dès la fin de l'été nous arrêtons de faire deux cents kilomètres aller et retour vers Montpellier. Mon sentiment en quittant Paris se confirme. Nous sommes seuls. Et ce jeu de chaises musicales avec les docteurs montre bien à quel point les enfants DIPG embarrassent nos grands hôpitaux. J'aborde le problème des soins palliatifs. Nous réalisons à ce stade qu'un enfant condamné à mort par sa tumeur sort des radars de nos équipes (compétentes) soignantes. Ces hommes et femmes sont éduqués pour soigner. Quand ils ou elles n'ont pas ou plus de solution, plus d'outil et bien ils ou elles n'ont plus grand-chose à vous dire. Votre enfant devient ce que j'appelle une *patate chaude*. Car il est très difficile pour eux d'affronter la détresse, la colère ou le stress des parents. Comme dans tous les métiers, il y a des dossiers que l'on préfère plus que d'autres. Et pour en avoir discuté avec des médecins et psychologues, le palliatif en France reste encore un domaine relativement mal maitrisé et particulièrement en pédiatrie. Cette fin de vie programmée est difficile pour tout le monde et les docteurs n'échappent pas à cette règle. L'impuissance les pousse à une frustration qui frôle parfois la malhonnêteté morale ou l'effacement.

Je rappelle que le DIPG laisse en moyenne neuf mois aux enfants post diagnostic. Il est aisé de comprendre que des essais planifiés sur des années ne représentent pas un grand intérêt pour espérer aider notre enfant. Passer notre temps avec des médecins qui n'ont jamais ou peu travaillé sur ces pathologies ne nous aide pas non plus. Et demander aux parents d'admettre que votre enfant malade mais vivant doit être le cobaye d'aujourd'hui pour une solution salvatrice de toute une génération de demain est je le concède une vision assez difficile à accepter dès le départ. Il faut davantage expliquer et rassurer pour convaincre les familles. Lorsque le cordon est coupé avec les personnels soignants, vous risquez de voir partir des familles à la dérive et tomber dans les mains de charlatans.

Dans l'absolu ou l'idéal, j'eus rêvé durant ces premiers jours et devant une maladie dite incurable jetant nos enfants à une mort certaine, d'un centre dédié aux maladies pédiatriques. Une maison où se retrouvent les scientifiques spécialistes d'une recherche fondamentale et clinique. Un endroit où chacun pourrait échanger ses données et ses découvertes à l'instant T. Une maison permettant de travailler de manière optimisée avec un patient en essais ciblés et hors des chemins classiques et procéduriers des protocoles longs et beaucoup trop rigides. Est-ce un rêve de penser un lieu où psychologues, sociologues, infirmières apporteraient un soutien aux parents et enfants en plein traumatisme ? Dans tous les cas, il est important de mettre la famille au cœur du processus de réflexion des équipes soignantes car sans le vouloir, les médecins banalisent les réactions et offrent aux parents l'impression de ne pas s'occuper d'eux. Cela est amplifié avec une absence de traitement curatif.

Ne faut-il pas sortir ces enfants condamnés à mort dès le diagnostic pour les placer dans des centres d'excellence pour espérer un progrès de leur espérance de vie et un meilleur accompagnement ? Ces situations ne sont pas si nombreuses. On sait nous expliquer que la rareté des cas n'entraine pas l'hystérie de la part des laboratoires mais à l'inverse ce petit nombre devrait permettre une prise en charge bien plus personnalisée qu'à l'accoutumée

Un autre épisode nous contrarie. Il s'agit de la suite apportée à la biopsie. L'échéance des résultats étant proche, nous nous attendons à voir un médecin avec un compte rendu pour nous expliquer et qualifier la tumeur et comprendre ainsi un peu mieux la maladie. Les docteurs parisiens nous avait dit qu'il fallait compter environ trois semaines pour les premiers résultats et cela à compter du 20 juin. Mi-juillet n'ayant pas de nouvelles, je relance à plusieurs reprises les docteurs concernés qui nous ont vendu avec ferveur le besoin d'une biopsie pour aider Léonie. Sans réponse de leur part j'envoie un mail que je qualifie de piquant. La réponse fut quasi immediate et sans equivoque.

- *Vous avez été placés entre les mains des docteurs de Montpellier en qui nous avons pleine confiance, nous ne pouvons donc nous substituer à leur travail. Ils ont les rapports, rapprochez-vous de leur service. De plus vous n'êtes pas les seuls à être gérés.*

Cela s'appelle pour moi botter en touche et enterre définitivement la confiance que nous portions en ces gens. Et je conclus que dans le cadre d'un essai reposant sur la biopsie, Léonie a servi essentiellement à alimenter une base de données utile à la recherche. Nous ne critiquons pas le fond qui a le mérite de s'interroger sur la qualité des tumeurs rencontrées dans la tête de nos enfants, mais davantage sur la forme. Nous pouvons assimiler cela à un vendeur de voiture qui a complètement oublié de mettre en place son service après-vente auprès des familles. Et pour les parents d'une enfant condamnée à mort par un gliome du tronc, c'est une sensation dont nous nous serions bien passés.

Bref, nous finissons par obtenir à force de relances auprès de notre oncologue référent un papier recto noir et blanc sorti d'une mauvaise imprimante, une étude sans aucune explication de sa part. En fait il ne savait pas l'expliquer ! Il nous a tendu le papier d'une main tremblante et était plus qu'embarrassé pour répondre à nos questions. Je crois que si j'avais insisté avec mes questions, j'aurais pu l'enfoncer lui et sa chaise dans le mur. Je regrette juste que les hôpitaux offrant des brochures en papier glacé à ses visiteurs pour vanter le mérite de leurs prestations à la manière d'un hôtel de luxe ne sachent pas finalement nous fournir des données médicales dignes de ce nom. Nous recevrons un bout de papier sans signification pour nous, parents en quête d'informations. Et que l'on délègue ou non, il doit exister un responsable de cette procédure afin de s'assurer de la bonne circulation de l'information jusqu'aux parents. Il n'est pas acceptable à mes yeux que personne ne s'assure du bon suivi des dossiers engendrant un stress supplémentaire et inutile aux familles. Encore une fois, la notion d'accompagnement est oubliée.

Donc, je vais prendre le temps d'aller à nouveau sur internet afin de lire mot après mot ce rapport et tenter de tirer des analyses d'autres scientifiques en France et dans le monde. Ce ne fut pas inintéressant mais parfois compliqué pour un novice de la science moléculaire comme moi. Inhibiteur, histone h3.3, lymphocyte T, Avcr1... représentent des termes très techniques que j'ai pu déchiffrer avec peine et placer dans un schéma simplifié. Cependant cela ne fait aucun doute que si un médecin avait pu prendre le temps de m'expliquer, j'aurais gagné un temps précieux et j'aurais pu aussi m'éviter de mauvaises interprétations.

Pendant ce temps Léonie se porte mieux avec la radiothérapie. Les rayons ont assommé la tumeur et elle retrouve ses fonctions cognitives comme la parole. Ses yeux se recentrent. Peu à peu, nous nous éloignons de Marseille, puis Paris et enfin Montpellier. Nous ne sommes pas plus frondeurs que d'autres mais nos expériences nous poussent naturellement vers la sortie. Missionnés d'une responsabilité au regard de la loi, les docteurs ont l'obligation d'avertir les autorités sanitaires pour dénoncer des familles qui feraient des choix jugés irresponsables. Mais les parents ne sont ni des criminels ni des délinquants. Depuis le début de notre parcours, nous avons eu la sensation que personne ne souhaitait réellement s'occuper de notre fille. Les relations de confiance se brisent peu à peu et, en tant que parents, nous n'allons pas rentrer chez nous en tirant les volets à attendre que Léonie décède ! Ne faut-il pas pour des cas de maladies incurables que les relations entre les docteurs et les patients soient révisées ? Mettre en place un collège de médecins et thérapeutes me semble le minimum pour porter secours à une famille en détresse. Cette confrontation souvent à sens unique avec un médecin est risquée pour préserver la confiance et la qualité de l'échange selon la personnalité de chacun.

Je commence alors à me demander s'il n'existe pas des traitements alternatifs pour soutenir le métabolisme de Léonie face aux rayons et à la chimiothérapie. Une association me parle d'un excellent naturopathe, pharmacien en Belgique qui pourrait nous conseiller. Nous prenons aussitôt un vol pour le plat pays qui n'est pas le mien. Nous louons une voiture pour nous rendre dans un petit village assez proche de la frontière Française. Nous nous entretenons une journée entière avec ce monsieur. Aux premiers abords, il n'est pas sans rappeler ces savants d'un autre temps se dissimulant derrière de petites lunettes rondes et penchant constamment la tête en avant. Nous aborderons de nombreux sujets. Nous lui commandons en partant une grande quantité de produits supposés aider Léonie, notamment pour apaiser les brûlures causées par les rayons. Et je me rends compte peu à peu que nos corps et nos esprits se détendent lorsque nous avons un interlocuteur disponible pour nous écouter. Nous parlons et nous parlons encore, avec le sentiment de vider un sac rempli d'émotions, de colère et d'incompréhension.

C'est le début aussi d'un vaste programme et d'une remise en cause totale de notre alimentation. Nous appuyons nos décisions sur de nombreuses lectures et témoignages sur l'incapacité de notre corps à digérer certaines protéines. Ces études démontrent aussi que le sucre est un aliment complet pour les cellules malines. Encore une fois la controverse existe à ce sujet puisque de nombreux médecins et chercheurs tendent à prouver l'inutilité ou l'absurdité de ces observations. Devant autant de contradictions, je conclus que personne ne sait rien mais que tout le monde raconte sur tout !

Nous allons nous placer sous le régime cétogène. Nous serons aidés par une autre grande association française qui a mis en place un protocole à base de RLipoate et de Garcinia. La découverte de ces nouveaux comportements alimentaires renforce chez nous l'idée d'un besoin d'équilibrer et de baisser l'acidité du corps de Léonie. Elle se fait très bien à ses nouveaux petits plats et les très nombreuses prises de sang au cours de la maladie démontrent que Léonie préserve un équilibre du métabolisme parfait. Et attention ! Si elle vous attrape en train de gloutonner en cachette un yaourt au lait de vache... Car nous l'accompagnons dans cette mini révolution des aliments pour marquer davantage nos convictions utiles à un point d'équilibre collectif. L'absence d'études transversales sur le DIPG prive les médecins de connaissances sur les bienfaits de certains traitements. N'oublions pas qu'ils n'octroient ou ne conseillent à leurs patients que ce qui est autorisé et reconnu par des études scientifiques. Le reste n'est bien souvent que bavardages ou calomnies et tant pis pour ceux qui témoignent d'une amélioration ou d'un bien-être à suivre ces *free protocoles*.

Un épisode difficile marque ce mois de juillet. Après la séance de radiothérapie du matin et le repas du midi, Léonie se repose dans sa chambre. Nous vaquons sa mère et moi à ranger la maison prêtée par notre ami. Soudain nous entendons Léonie hurler. Nous nous précipitons et nous la voyons pleurer en se tenant debout au milieu de la chambre avec sa tablette à la main. Elle crie et nous demande si elle va mourir. Dans un temps très court, cette question me choque. Mais je sais pourtant que très vite je dois y répondre car un temps de silence trop long ne ferait qu'augmenter le doute qui habite Léonie. En quelques secondes, je dois trouver des mots pour préserver sa confiance et sa ténacité au combat. Trop lui mentir n'est pas honnête et juste. Alors nous nous allongeons tous les trois sur le lit. Nous entamons une conversation. Je prends conscience que Léonie est en train de changer. Elle laisse derrière elle cette innocence que chaque enfant devrait garder jusqu'à sa pleine maturité.

- *Léonie, ta maladie est grave. Tu es en danger mais on va tout faire pour t'aider et on va se battre tous ensemble !*

En quelques mots, j'espère juste apporter à ma fille un peu de réconfort et d'espoir. Je ne sais pas très bien mentir et je crois que le mensonge peut toujours se retourner contre vous. Je devais donc imposer un compromis entre le fait de ne pas avouer toute la vérité et préserver une dose d'espoir pour les semaines à venir.

Cet épisode m'a profondément marqué car il nous interroge en tant que parents sur notre capacité à réagir devant la mort annoncée de notre enfant. Et quand l'impuissance est totale, c'est tout simplement ignoble. Le DIPG est une maladie agressive qui vous fait très peu de cadeau. Cette réaction de Léonie va conditionner l'intégralité du combat que nous mènerons dorénavant avec sa mère les mois suivants. Nous ne lâcherons plus rien, par amour pour notre fille !

Durant ce mois, je tente de reprendre le travail. Trois jours, c'est le temps que je tiens sur ma chaise de bureau. Savoir son enfant malade, loin de vous, avec sa mère devant prendre des décisions avec les médecins rendent rapidement la position intenable. J'annonce donc que je quitte mon travail. Je pars et je ne reviendrai plus durant la maladie de Léonie.

Un hôpital sinon rien

Nous nous promenons dans la ville de Sète alors que la radiothérapie se passe bien et que Léonie se porte toujours mieux. Ce jour-là, elle s'intéresse à mon appareil photo et je décide alors de lui confier. Je prends aussi le temps de lui expliquer les rudiments d'une bonne capture d'image en tachant de me rappeler mon ancien métier de photographe. Peu à peu, elle vise et déclenche comme un petit reporter à la recherche d'un cadrage parfait dans les rues de la cité. L'heure du dîner est proche et durant cette période estivale les restaurants sont rares sans réservation préalable. Nous le vérifions très vite et nous sommes contraints de faire demi-tour faute de place. Léonie accuse le coup et nous témoigne de sa déception à ne pas manger sur une terrasse comme elle aime tant le faire. J'appelle alors mon ami de Montpellier pour lui demander conseil sur une adresse potentielle pouvant redonner le sourire à notre fille.

Nous sommes guidés en direction d'un restaurant avec sa plage privée. Après quelques moments de tractations nous prenons place sur de hauts tabourets de bar, ultimes places restantes. Nous découvrons alors un lieu charmant et une cuisine élaborée. Un site assez rare dans ces zones touristiques où parfois la qualité n'est pas toujours de rigueur. Je décide de m'échapper à l'extérieur entre le plat et le dessert. Je retrouve, côté rue, les fumeurs que la loi Evin a chassé depuis des années de nos lieux publics. Une dame d'une soixantaine d'année attire mon attention par son visage et son maquillage. Son stress apparent me laisse penser qu'elle n'est pas une cliente mais au minimum une serveuse de l'établissement en pause. Nos regards se croisent et nous commençons à échanger quelques mots. J'apprends que cette femme est la propriétaire du lieu. Après plusieurs minutes d'une conversation sympathique, elle me confie qu'elle a souffert d'un cancer et que sa santé est fragile. Je ne peux alors m'empêcher de lui raconter l'histoire de notre fille. Contre toute attente, elle demande à parler à Léonie. Je suis étonné et heureux de voir cette dame porter une grande attention à notre fille. Nous finissons la soirée ensemble. Un repas offert et une invitation à vie pour Léonie à jouir de sa cuisine et de sa plage seront ses premiers cadeaux en guise de soutien. Le lendemain, nous la reverrons lui offrir un énorme jouet qu'elle prit le temps d'acheter en ville. Nous lui rendons visite une dernière fois l'année suivante en présence de Léonie très fatiguée. C'était mamie Coco qui avec ses mots a su redonner ses lettres de noblesse aux mots partage et tendresse dans ce long couloir des soins palliatifs avec, pour unique horizon, la fin de vie. On pourra analyser des situations qui méritent d'être repensées mais on ne pourra jamais feindre ou minimiser ces rencontres d'une grande valeur affective et humaine. Dans de telles circonstances elles prennent un aspect surdimensionné qui nous remplissent de joies et d'émotions.

Nous continuons à nous agacer de ces visites non préparées par l'équipe médicale à l'hôpital. La stabilité de Léonie m'autorise à avoir plus de temps pour contacter d'autres associations en lutte contre les cancers pédiatriques. Je ne compte plus les heures passées au téléphone pour glaner des informations sur l'état des recherches, les mises en garde ou juste pour me sentir moins seul.

Nous commençons au cours de ce mois par rencontrer les personnes qui se sont donné pour mission d'offrir du rêve aux enfants. Moins axées sur les problèmes de financements de la recherche ou sur les protocoles en cours, elles proposent d'aider les familles pour emmener les enfants dans des parcs d'attractions ou rencontrer un footballeur professionnel par exemple. Une association proche de chez nous nous demande ce qui ferait plaisir à Léonie. Il se trouve que notre fille nous parle de sa chambre depuis sa visite à Paris, de ses étagères trop petites ou encore de son bureau minuscule. L'idée est soumise et acceptée. A notre retour de Montpellier, nous faisons la surprise à Léonie. Elle ne se doute de rien. Nous la faisons marcher à visage couvert jusque dans sa chambre. Ses amies sont là et en retirant son masque elle découvre une pièce aux couleurs vertes, meublée à neuf. Nous avons pu compter sur la solidarité de nos voisins pour la main d'œuvre. Et il faut reconnaître que le travail fut très réussi. Chacun de ses petits moments nous arrache des larmes et nous serre le cœur. Nous gâtons Léonie le plus possible car au fond de nous-mêmes nous savons que le risque est grand que toutes ces petites choses matérielles restent un jour éternellement éphémères.

Un soir, des amis nous invitent sur le bord de l'étang de Thau près de Béziers pour déguster des huîtres et des moules accompagnées d'une bière. Malgré cette entorse à notre régime cétogène, la soirée est belle. Nous faisons de formidables photos de famille qui serviront plus tard à la presse pour porter notre combat. Je me souviens de ce groupe de gitans présents avec leurs guitares pour amener la musique jusque dans nos assiettes. J'interpelle le leader du groupe et je lui demande deux chansons pour notre fille. Je lui explique aussi qu'elle est gravement malade afin de ne pas commettre de maladresse avec la prestation. Un rythme lent, une voix grave et quelques notes nous font vibrer. Le coup est une réussite. J'observe Léonie afficher à la fois une gêne non dissimulée en se sentant malgré elle la vedette de ces quelques minutes mais aussi une joie certaine devant toute l'attention que nous lui portons.

Toute cette histoire me fait converger vers un point unique : le cancer brise un passé. La routine explose et vous devez faire face à une multitude d'imprévus. Je ne travaille plus pour accompagner ma fille au jour le jour. Je découvre en détails l'aide dont un parent peut bénéficier dans une telle circonstance. On la nomme l'AJPP[6]. Pour un couple et pour une période de 310 jours par an, son montant journalier s'élève à 43€57 pour un total de 21 jours par mois. Je n'ouvre pas le débat à ce sujet. Chacun se fera son avis sur son montant et sur la capacité que cette aide peut apporter à une famille de quatre personnes durant à peine une année. Cependant je connais des familles qui ont plongé non par manque de sérieux dans leur comptabilité, mais juste parce qu'un matin un docteur leur a annoncé que leur enfant avait un cancer. Cette double peine peut être débattue dans un pays comme la France qui porte dans son patrimoine le mot fraternité. Ne peut-on pas offrir à ces quelques familles touchées par le cancer de l'enfant un niveau d'attention plus élevé ? Cette aide journalière ne peut-elle pas s'inscrire sur une année complète, sans en demander le renouvellement avec le risque de se le faire refuser et de susciter des jours de creux ?

En ce qui nous concerne, nous avons de la chance. D'une part, je bénéficie de ma convention collective m'autorisant à jouir de quelques mois à plein salaire ; d'autre part mes collègues mettront en place le don de RTT pour un salarié dont l'enfant est malade.

Accompagner Léonie, tenter un traitement de la dernière chance, protéger ma famille deviennent mes priorités. Je réfléchis à ce que je peux faire maintenant que je suis libre de mon travail et que Léonie répond convenablement à la radiothérapie. Sans beaucoup

---

[6] Aide Journalière de Présence Parentale

d'argent, je me rends compte que je limite fortement notre champ d'action.

Je m'intéresse à deux protocoles étrangers. L'un est en Allemagne, le second au Mexique. Pour le premier, il s'agit d'immunothérapie expérimentale pour un montant total de 45 000 € environ. Pour le second on parle de chimiothérapie intra artérielle pour un montant élevé de 11 000 $ la séance. Pour comprendre ces choix, il faut se mettre à la place des parents et se poser la question suivante. Que feriez-vous ? Tenteriez-vous quelque chose dans l'espoir de réussir ou vous contenteriez-vous simplement de regarder votre enfant agoniser sur un lit à la maison en espérant qu'il parte vite pour limiter ses souffrances ? La nature du genre humain et les lois de notre pays ne prévoient rien dans ces cas-là. C'est à vous de ressentir les choses, de mesurer vos forces et d'estimer vos moyens psychiques et physiques à mener ce combat. Je vous invite donc à faire ce petit exercice de réflexion pour savoir ce que vous feriez pour votre enfant dont les jours sont comptés. Une fois les premiers frissons passés de cette réflexion, vous allez commencer à vous trouver des forces insoupçonnées.

Pour ma part j'entame le processus en le faisant savoir. Selon moi, il faut sortir du silence imposé par la maladie. Parler du cancer dans notre société reste encore un tabou. La maladie et la mort sont des mots puissants dans nos sociétés occidentales. Nous apprenons à les repousser autant que le vide dès notre plus jeune âge. Nous avons tous vu un jour cette vidéo montrant une opération chirurgicale remplie d'hémoglobine et de chair taillée ; on détourne alors notre regard pour préserver cette frontière fragile tracée entre l'idée de vie et de mort. La maladie, c'est un peu la même chose. Nous pouvons trouver la force de cliquer et de donner quelques euros à une association qui a pris le soin de mettre sur son site des images policées et qui lutte contre la maladie. Mais comprendre ce que le mot cancer apporte de plus abject au sein d'une cellule familiale, nous ne le savons pas. Et quand il s'invite chez vous, vous n'avez plus le choix. Il s'installe dans votre lit. Il s'assoit à votre table à chaque repas. Il ne quitte plus votre corps et envahit l'esprit de ceux qui le côtoient. Je décide donc près de deux mois après le diagnostic, de mobiliser toutes mes forces pour annoncer, tel un crieur public du siècle révolu, que mon enfant a besoin d'être soutenu par la communauté et que ses parents sont avides d'espoir. Certains y verront un besoin de reconnaissance face au malheur, d'autres souligneront davantage un courage et un besoin de combativité indispensable à toute forme de progression.

Le 8 août 2017 à 5 heures du matin, je presse la touche entrée de mon clavier pour mettre en ligne mon site internet qui relaiera tout au long de la maladie, nos formidables aventures, nos recherches, nos craintes et nos désespoirs. Très vite au fil des jours, je vois des inconnus s'abonner aux pages. Dix, cent, mille et je commence à comprendre que de nombreuses personnes sont déjà averties de notre situation. Ce site est un formidable outil de connexion entre eux et ma famille. Je décide alors de le mettre en lien avec les réseaux sociaux, augmentant ainsi notre visibilité. Je crée un logo, je trie des photos et je commence à publier. Cathy le baptisera *AU PAYS DE LEONIE.*

En parallèle, j'appelle aux dons pour soutenir Léonie et financer un traitement encore non défini. Et pour plus de transparence, je vais créer, avec l'aide de quelques copains, une association qui sera chargée d'animer nos projets et de collecter les fonds.

Le mois d'août s'achève et Léonie se porte bien. Elle prépare sa rentrée au CM2. Nous découvrirons plus tard dans ses cahiers secrets, qu'elle ne parle jamais de sa maladie. Elle continue de citer ses amies, de raconter ses voyages… Elle veut juste vivre. Et puis il y a ce mot entouré d'un petit nuage sur une fiche cartonnée qui se fond au milieu de graffitis divers gribouillés au stylo. C'est la seule trace écrite que Léonie nous laissera de sa vision de la maladie.

- *100 % guérison*

Le 23 août verra la fin de la radiothérapie. La France est encore en vacances et nous rentrons enfin à la maison.

Recherche désespérément

La sonnette retentit dans la cour de l'école. C'est la rentrée de septembre et quel bonheur de voir Léonie porter son sac. Ses trousses plastiques, ses crayons en bois sont autant de matières aux odeurs envoûtantes marquant nos souvenirs de nos premiers jours de classe. Elle est heureuse. Malgré tout, son inquiétude est grande de se faire distancer par les autres en raison de la maladie. Mais nous allons très vite nous rassurer en constatant que notre fille s'accroche et que ses premiers résultats sont excellents. Nous avons l'impression que le cauchemar est terminé. Elle parle, mange, court et réfléchit comme tous les enfants de son âge.

Mais ma quête aux informations m'a servi à me méfier de cette période belle et douce. Les parents l'ont baptisé *la lune de miel*. On a tendance à tout oublier après des semaines terriblement éprouvantes. Nos corps se relâchent. Je reste pourtant sur mes gardes et je me fixe comme objectif de récolter des dons pour être prêt. Je compte sur notre nouveau bureau d'association pour m'aider à la tâche. Les projets se présentent assez vite à nous. Dans un tel contexte, on s'appuie dans un premier temps sur un cercle d'amis ou de familles. Puis le bouche à oreille prend le relais pour découvrir peu à peu des gens inconnus et sensibles à notre cause. Ils resteront à nos yeux à jamais formidables. Nous pouvons je crois nous enorgueillir de ce que nous sommes dans notre pays. Si parfois la solidarité échappe à la morale, il faut avouer que dans la majorité des cas, les Français et les Françaises savent se fédérer pour aider leurs voisins. Cela fait consensus et il n'y a pas besoin de loi pour cela, juste un écho entre deux cœurs.

Notre premier projet et nos premiers dons se feront grâce à une fanfare installée à Montpellier qui jouera en présence de Léonie dans les rues de la ville héraultaise. On danse, on tape dans les mains. Nous finissons nombreux dans un restaurant de la ville. C'est peut-être notre plus belle période connue de la maladie. Un simili de sérénité semble reprendre le dessus. Nous apprenons avec les semaines post diagnostic que le tempo est donné par Léonie. Elle va bien, nous sommes bien. Elle va mal, nous sommes mal ! Cette courbe sinusoïdale va peu à peu nous enfermer dans une fatigue incontrôlée. Je vais perdre jusqu'à vingt kilos de mon poids d'origine, ma tension frôle les neuf et nos vies se fragilisent par les coups de butoir d'une maladie intransigeante.

Mais nous n'avons pas le temps de gémir. Léonie compte sur nous pour trouver un soutien. Nous sommes là chaque jour pour l'accompagner à l'école, l'aider dans ses devoirs. Son sérieux et son envie d'apprendre nous facilitent grandement la tâche. Il est inutile de lui rappeler dix fois la même chose. Se laver, ranger sa chambre, faire son travail, aider aux tâches ménagères sont pour elle des choses faciles à faire et qu'elle exécute en ajoutant toujours un zest de plaisir. Elle est définitivement géniale notre fille ! Certaines questions de sa part son plus dures à entendre que d'autres. Notamment quand elle nous demande quel sera son collège pour sa rentrée en sixième. A l'évocation de cette pensée, nos cœurs se serrent et nous essayons alors d'enfouir les mots de ces docteurs qui ont enclenché, sans le savoir ou le vouloir, un compte à rebours dans nos esprits. Nous lui apportons une réponse un peu confuse et évasive.

Notre grande angoisse repose, pour nous parents, sur l'idée que nous ne savons pas quand la maladie va faire son retour. On nous explique que la radiothérapie attaque la tumeur en explosant purement et simplement l'ADN des cellules malines et saines aussi. Mais ses effets sont limités dans le temps. Certains enfants répondent à ce traitement positivement avec six à huit mois de pause quand d'autres basculent dans la progression tumorale ou métastatiques après quelques semaines. Alors j'accélère les projets et je ne refuse rien. Tout est possible si nous y mettons le cœur et la volonté. En deux mois nous aurons ainsi reçu plus de trente mille euros de dons.

Un événement attend Léonie. Elle est l'invitée d'honneur d'une grande manifestation sportive dans les arènes d'Orange. Elle doit donner le coup d'envoi d'un match de gala avec la présence des anciens footballeurs comme Basile Boli ou Emmanuel Amoros. J'ai cependant dû expliquer à notre fille pourquoi ces personnes avaient marqué l'histoire du sport français. Génération oblige !

Nous stoppons au cours de ce mois la chimiothérapie pour éviter tout effet secondaire indésirable. Notre principe est simple... Inutile en soignant une pièce cassée de risquer d'en casser une autre quand je me persuade que rien ne prouve que les traitements proposés soient suffisamment efficaces. Nous développons une véritable pharmacie de plantes et de médicaments dit alternatifs. Curcumine, Garcinia, Real Built, PAO, Rlipoate, Artémisinine... nous ne savons plus où les stocker dans la maison. Nous sommes intimement convaincus que ces suppléments alimentaires sans effet secondaire majeur permettent à Léonie de maintenir un métabolisme plus fort.

Je continue mes recherches et intensifie les lectures des publications de chercheurs dans le monde entier. Nous commençons alors à nous intéresser aux traitements ayurvédiques. Les défenseurs de cette pratique pensent que le problème de notre médecine allopathique couplée avec nos modes de vie ne parviennent plus à nous interroger sur les origines du mal. Souvent, nous intervenons dans les hôpitaux quand la tumeur est là et nous nous focalisons sur la partie à traiter en oubliant que le cerveau fonctionne avec le foie, le rein ou les intestins. Nous sommes un tout. Les Indiens traitent en ayurvédique l'intégralité du corps jusqu'à associer la méditation ou le régime cétogène dans un traitement du cancer. Cette vision globale me séduit. Certains hôpitaux français commencent à reconnaître ces principes mais le chemin est long pour changer les mentalités et dérouter les intérêts de certains. Quand nous avons parlé à nos médecins de ces pratiques, on nous a poliment sourit.

Au cours du mois de septembre nous allons voir un reportage diffusé sur la chaîne franco-allemande, d'une femme française malade d'un cancer du sein et qui devant l'incapacité des médecins occidentaux à lui offrir de l'espoir, décide de faire un dernier voyage en Inde. Au cours de ce périple, elle rencontrera dans l'avion une autre femme qui lui explique être au pays des Hindous pour soigner son cancer. Elle vient de découvrir la médecine ayurvédique et sauvera sa vie de cette manière. Ce film s'appelle « Mon médecin Indien ». Nous décidons avec Cathy de prendre contact avec cette femme qui, très vite, nous met en relation avec le chef de la clinique de Coimbatore au sud de l'Inde. Nous expliquons le cas et nous attendons une décision des autorités de l'hôpital. Nous avons expliqué à Léonie que nous irions voir, peut-être, les éléphants de ce pays. L'idée ne lui déplaisait pas même si depuis le début de cette épreuve elle n'aspire qu'à une seule chose : que nous la laissions tranquille. Malheureusement, nous recevrons un mail nous informant que Léonie n'est pas acceptée ni autorisée à suivre les soins au sein du dispensaire. Peur du DIPG ou des enfants, nous ne le savons pas car la réponse n'est pas motivée. Cependant le collège de médecins nous propose de nous envoyer les médicaments pour débuter le traitement. Nous recevrons donc quelques jours plus tard, un gros carton avec des fioles, des pâtes, des poudres en tout genre et de magnifiques mandalas dessinés sur papier toilées par les infirmières. Nous appliquerons ce traitement plusieurs mois. Cette petite attention nous touche et encore une fois met en relief le besoin de nos familles à être reconnues dans ces parcours difficiles. Faute d'étude scientifique intéressante nous ne savons toujours pas aujourd'hui si ce traitement a su prendre le dessus sur les effets bénéfiques de la radiothérapie ou inversement. Il ne faut pas oublier que les médicaments de la médecine allopathique trouvent souvent leur origine dans ces plantes ancestrales. Mon avis à ce sujet est sans équivoque. Les industriels du médicament ont une stratégie visant souvent à démontrer dans un premier temps que ces plantes sont dangereuses pour l'homme dans leur état brut avec le soutien de grandes organisations pour ensuite breveter toutes les espèces et ses dérivés concernés et s'octroyer de cette manière le monopole d'un vaste marché lucratif. L'artémisinine est un bel exemple. Elle a été déconseillée dans plusieurs pays du monde par l'OMS[7], des laboratoires ont fait pression pour effectuer des perquisitions dans des entrepôts de stockage au Luxembourg. Une fois le ménage terminé, nous la retrouvons aujourd'hui dans certains essais cliniques. La marijuana aujourd'hui est aussi dans le collimateur des laboratoires.

La recherche contemporaine a ses règles et nous sommes en tant que citoyens bien mal informés de toutes ces procédures. Les enjeux en cancers pédiatriques sont complexes. Tenter de comprendre ses mécanismes, c'est aussi analyser son fonctionnement. Je m'interroge depuis que Léonie a été diagnostiquée : comment soixante années n'ont pas suffi à faire

---

[7] Organisation mondiale de santé

progresser l'espérance de vie face à ce monstre de DIPG ? En fait, les raisons sont de l'ordre de la recherche mais aussi de son financement. Nous avons l'habitude de dire que pour trouver il faut chercher. Mais pour chercher, il faut payer ! Et pour payer, il faut financer. Alors qui finance ? Les laboratoires, les ministères liés à la recherche et la santé, les associations et les mécènes sont les principaux intervenants dans le mode de financement des recherches et développement. Ont-ils tous les mêmes intérêts ? Et bien non et c'est là que des fissures apparaissent. Même si l'on parle de la vie de nos enfants, un investisseur reste un investisseur. Lancer un programme de recherche et développement coûte cher et le principe de départ de ces programmes est que nous ne savons pas s'ils seront couronnés de succès. Cela freine les investisseurs à engager d'importantes sommes d'argent. Ils n'arrivent pas à se persuader que cette petite minorité d'enfants peut, un jour, leur rapporter beaucoup d'argent. Alors on a voté une loi dès 2007 pour les contraindre à travailler tant bien que mal avec les cancers de l'enfant. Normalement la loi européenne oblige les laboratoires à faire profiter la pédiatrie de leurs molécules innovantes dédiées à l'adulte en proposant un essai clinique spécifique. Seulement, il est possible d'obtenir des dérogations. Et les laboratoires en abusent. On ne peut pas conclure que les choses n'évoluent pas depuis deux ans environ. Certains laboratoires avancent timidement en direction de la recherche pédiatrique mais c'est insuffisant et surtout ces années de latence ont condamné des milliers d'enfants et entraîné un retard dans l'innovation et les connaissances de ces maladies.

Si l'on regarde de plus près nos modèles de recherche scientifique, on constate qu'ils se décomposent en deux catégories principales. Ils sont tous étroitement liés et l'un ne peut se passer de l'autre. On identifie la recherche fondamentale et la recherche clinique. Cette dernière se subdivise avec l'étude *translationnelle, préclinique* et *l'essai clinique*.

La première classification vise à mieux comprendre le corps humain et ses maladies. Elle est souvent utile pour percer les mystères de la science. On peut citer en France, deux grands organismes publics travaillant en recherche fondamentale à savoir l'INSERM ou le CNRS. Un chercheur a reçu un socle de formation en médecine mais sa spécialité reste la recherche, le privant ainsi généralement d'une activité clinique.

La seconde classification, l'étude clinique, se sert en général de cette recherche fondamentale pour appuyer ses travaux. On est alors en présence d'une recherche appliquée sur des modèles biologiques (in vivo) ou animaux (in vitro). C'est l'étude préclinique. Son responsable est alors un chercheur clinicien. Il peut à la fois visiter les patients, être en relation avec des chercheurs et porter une réflexion, aussi, sur ses propres recherches. Lorsqu'il pense avoir observé un traitement intéressant, il glisse vers l'essai clinique et applique un nouveau médicament par exemple à une cohorte d'humains présentant la pathologie étudiée.

Cette description succincte de nos modèles de recherche permet de comprendre où va l'argent de nos dons. Lorsque nous cliquons sur internet par exemple pour verser dix euros à une association ou une fondation aidant la recherche, celles-ci sont autorisées à verser cette somme d'argent comme bon leur semble. En général, la complexité du système prive le donateur d'explication claire à ce sujet. La faute aussi parfois à des associations qui résument leur soutien au mot recherche. Aider à soigner le cancer, ça regroupe beaucoup de choses ! Une fois les dix euros versés, le donateur sera bien en peine pour expliquer si son billet a aidé une recherche fondamentale ou un essai clinique ! Il est important selon moi de bien comprendre ce que nous faisons de notre argent. Une grande ligue à qui vous donnez dix euros ne soutiendra peut-être pas la recherche fondamentale des cancers pédiatriques mais la noble cause du cancer du sein en faveur d'un essai clinique. Ils en ont parfaitement le droit mais cela ne répond peut-être pas à vos attentes. Et ce mécanisme peut créer des déséquilibres dans les modes de financements. Aujourd'hui je pense que la recherche fondamentale est la grande oubliée des cancers pédiatriques au profit d'une recherche clinique qui a espéré durant ces dernières années pouvoir appliquer des médicaments issus d'une pharmacie en cancérologie adulte. Mais en vain, car ces cancers d'enfants sont pour certains encore mal compris et nous devons impérativement revenir à la case départ. Même si, entre 1970 et 2000, les progrès en chimiothérapie ont permis d'extirper sept à huit enfants sur dix du couloir de la mort, il ne faut pas oublier qu'un enfant sur deux aura de sévères séquelles liées à la maladie mais aussi aux soins reçus et très agressifs. Pour les cancers incurables, nous ne savons toujours pas expliquer quelles sont les causes innées qui ont accéléré le processus de mutation ni comment rétablir un équilibre cellulaire sain. Un enfant ne boit pas, ne fume pas et n'a pas eu un régime alimentaire agressif suffisamment longtemps pour déclencher un cancer.

Lorsque vous cherchez à comprendre la recherche en cancer pédiatrique en France, votre constat est sans appel. Il règne dans ce royaume des maladies une sorte de cacophonie. Recherche fondamentale contre recherche clinique, instituts parisiens contre instituts de province, chercheurs isolés, projets déposés mais non financés, chercheurs en quête de fonds, carence d'ingénieurs. Alors qui croire dans ce brouhaha ? Je pense que tout le monde est animé d'une certaine volonté de progrès en la matière. Mais il est vrai que ramené à chaque unité, on se rend compte que l'échange de données et d'informations peuvent représenter un frein. On ne peut pas affirmer qu'il existe un partage exemplaire des données scientifiques entre chaque acteur. Alors s'agit-il d'un manque de moyens financiers, humains, ou techniques ? Il est difficile de l'évaluer avec précision. En tous les cas, tant que je verrai de grands instituts appeler aux dons pour financer d'importants projets de recherche pour aider nos enfants, je considèrerai que l'Etat n'a pas su mettre en place une procédure rapide et simplifiée avec des budgets adaptés permettant de répondre aux besoins de nos chercheurs. Tant que je rencontrerai des chercheurs me dire qu'en France, il n'y a pas assez de concertations pour mutualiser les travaux, je considèrerai qu'il faut améliorer les échanges. Tant que l'on m'expliquera que les cancers de l'enfant ne trouvent pas d'issues thérapeutiques par l'absence de recherche et d'investissement des laboratoires, je considérerai que nous laissons nos enfants mourir au profit d'une rentabilité.

Pour résumer à propos du cancer du DIPG, il existe encore de grandes zones d'ombre. Comprendre l'origine de la maladie, c'est poser sur la table les raisons de son développement qui généralement dépendent d'un environnement bien précis. La maladie du cancer n'arrive pas par hasard dans le corps et un processus de mutations est indispensable. Le champ des hypothèses de développement de la maladie est infini et la fonction de la recherche fondamentale, translationnelle ou épidémiologique est de l'anticiper ou de le réduire à son maximum. La recherche clinique se positionne plus en avant et travaille peu sur ces mécanismes de départ. Elle se sert de la tumeur en phase finale pour attaquer le mal en faisant le constat de ce qui existe à un instant précis. On use alors de radiothérapie, de chimiothérapie, de chirurgie pour étudier ou soigner un enfant. Pour conclure, je pose les questions suivantes :

N'est-il pas temps ou urgent de revenir aux bases que représente la recherche fondamentale pour essayer de mieux comprendre les mécanismes des cancers de l'enfant ?

Ne serait-il pas utile de financer plus de projets déposés en recherche fondamentale pour octroyer quelques jokers à une médecine clinique décrite comme étant au ralenti dans ses découvertes au cours de ces vingt dernières années en cancers pédiatriques ? Au fond ne doit-on pas prendre le risque de perdre un peu d'argent dans l'espoir de perdre moins d'enfants ?

Comprendre la maladie à ses débuts me semble aussi fondamental que peut l'être notre médecine ! Mieux financer et mieux partager pour mieux travailler sont peut-être des clefs utiles pour espérer progresser.

Un régime d'espoir

Allez Léonie ! Allez Léonie ! Ces cris raisonnent dans le stade de notre commune. Il fait chaud et le soleil est printanier durant cette belle journée d'octobre. Léonie court officiellement les trois kilomètres du cross de l'école. Elle est reconnue maintenant par les autres élèves. La communication soutenue par notre association lui sert aussi à faire grossir les rangs de ses supporters. Nous sommes si fiers de constater qu'elle ne lâche rien. Léonie n'aime pas spécialement courir. Elle m'avoue la veille qu'elle puise sa motivation grâce à nous. En effet dans le cadre de notre association, nous avons réalisé avec une équipe de sportif, une course quelques jours plus tôt. Alors elle était très fière de ce défi pour nous montrer que nous n'étions pas tout seul à nous battre ! Chaque pas qu'elle parcourt lui donne des ailes. Son visage est rouge de chaleur, son souffle est court et rapide à la fois. Mais elle tient. Son tee-shirt violet fluorescent me permet de l'identifier facilement. Elle est belle. Je la suis avec mon appareil photo et je l'encourage à tenir bon. Léonie ne finit pas dernière de ce cross et je suis heureux de savoir que la maladie n'a pas gagné ce jour-là. Mon émotion est forte quand je la vois, enchantée, rejoindre ses amies dans les gradins du stade.

Notre rythme de la semaine est réglé comme une montre suisse. A 8 heures 25, j'accompagne Léonie devant le portillon de l'école. Je retrouve les mêmes visages de mamans et de papas qui me saluent. On n'oublie pas de me demander comment va notre fille.

A onze heure trente, je retourne chercher Léonie. C'est un moment que j'appréhende beaucoup. J'ai peur que la maitresse m'annonce que quelque chose ne va pas. Je dois bien avouer que la situation est difficile en regardant Léonie me quitter chaque matin pour entrer dans l'école rejoindre ses copines. Pour un papa ou une maman dans de telles circonstances, les pensées noires vous obsèdent et il est très difficile de faire abstraction de l'idée que tout cela aura une fin. Le plus torturant est de ne pas savoir quand. Votre enfant à une arme pointée sur sa tête mais nous ne savons pas quand son bourreau appuiera sur la gâchette. Et cela vous rend terriblement triste et nerveux.

Le midi, nous nous détendons. Généralement nous mettons en place notre tournoi international de cartes de UNO ce qui a pour effet immédiat de faire sourire Léonie. Notre chambre fait office de salle de jeu et nous prenons le temps de nous allonger sur des draps chauffés par les rayons d'un soleil au zénith traversant la pièce. Ce moment privilégié nous procure de nombreux instants de bonheur. Je me souviens de fous rires interminables contractant nos abdominaux et nous privant de notre souffle. Le rire de Léonie est sympathique, franc et partageur. Ses yeux se brident et sa bouche alors exempte de paralysie, dévoilent de belles dents blanches aux deux incisives écartées.

Quand je retrouve Léonie le soir devant le portail de l'école, nous commençons toujours par les mêmes gestes. Poing contre poing, claquement de mains, nous ne nous arrêtons plus de nous saluer. Pour achever ce rite mi-urbain, mi-tribal, nous nous faisons un gros bisou. Léonie adore aller à l'école en trottinette. Je la suis tel un mulet chargé, mon bras droit servant de porte manteau et mon bras gauche pour tenir son sac d'école. Je ne me lasse pas de la voir pousser sur ses jambes et faire ses figures en rond avec dextérité. Je me souviens que deux mois plus tôt, elle ne tenait plus sa tête et ne marchait plus.

Au cours de ce mois nous allons rencontrer une diététicienne renommée. Elle persuade sa clientèle ou son patient de ne pas toujours écouter aveuglement les oncologues et médecins. Son argument est simple mais apprécié par beaucoup de gens en fin de parcours : nous ne prêtons pas assez d'écoute à notre corps et ne prenons pas assez notre alimentation en considération pour lutter contre nos maladies. Le foie, les intestins, les reins peuvent être des pièces maîtresses dans la régulation de notre métabolisme. Souvent la prise excessive de médicaments peut nuire davantage au point d'équilibre à l'inverse d'une diète sagement contrôlée. Son régime de prédilection est le crudivore. Donc, avant de nous lancer dans le changement avec de nouveaux repas, nous étudions les effets du lactose, des protéines animales, du gluten, du sucre, sur le corps humain. Dans ce domaine les opinions sont très partagées. En omettant les avis de médecins en attente d'études sérieuses sur le sujet, (qui ne viendront peut-être jamais par peur de froisser nos monstres de l'industrie alimentaire), il y a les partisans qui refusent de manger une bête ou de boire son lait. Il y a ceux qui pensent que nous n'avons pas le système digestif pour assimiler les volailles, les céréales et son gluten. Un argument m'avait marqué dans mes lectures à ce sujet. La protéine de lait de la vache est conçue pour faire prendre quatre cents kilos à un veau en un an. Sommes-nous capables de l'accepter et de la digérer aussi facilement ? N'y a-t-il pas en arrière-plan, une industrie des produits laitiers désirant nous vendre toujours plus derrière cette croyance que le lait aide nos petits à se fortifier ? Et surtout ces produits ne seraient-ils pas la cause de nombreux troubles, digestifs, cutanés ou respiratoires que nos enfants rencontrent de plus en plus jeunes ? Quant à un excès de viande rouge, il n'est plus à démontrer qu'il engendre des complications pour la santé de l'homme.

Devant une telle cacophonie, nous hésitons à abandonner notre régime cétogène qui insiste sur l'absorption de matière grasse pour créer la cétone et apporter l'énergie vitale à nos cellules. Le plus contraignant avec ce régime est qu'il doit tendre le plus proche de zéro en quantité de sucre. Et là aussi vous vous rendez compte comment le sucre raffiné a envahi nos aliments qui en sont dépourvus à l'origine. Alors nous regardons des reportages, notre bibliothèque se remplit de livres traitant de ce sujet. Finalement nous allons opter pour le crudivore, une cuisine sans cuisson. Nous allons nous en satisfaire durant deux mois pour ensuite ressortir nos casseroles et nos poêles pour cuire un peu de poisson et réaliser quelques compositions chaudes. Toute cette recherche est étroitement mise en parallèle avec le cerveau. Car si rien ne corrobore avec le DIPG, les maladies de Parkinson ou Alzheimer ont été à la source de nombreuses études mettant en avant les bienfaits de tel ou tel régime. Nos hôpitaux commencent à introduire cette notion d'aliments et nous trouvons de plus en plus de diététiciennes dans les services à l'écoute du patient. Mais pour avoir aussi visité plusieurs établissements avec Léonie, il y a encore un énorme travail de fond à ce sujet car il n'est pas rare que l'on propose des aliments inadaptés sur les plateaux de nos enfants malades. Quand on fait le bilan des cafétérias à la disposition des familles et des patients, on ne peut pas penser que les aliments proposés soient les meilleurs pour espérer entretenir une flore saine ou surveiller un sang surchargé. A ce sujet je me dis qu'il est important d'y prêter attention car lorsque vous êtes touché par une maladie auto immune, introduire des aliments composés de 50 additifs chimiques ne peut présenter que des inconvénients.

Nous avons commencé depuis quelques semaines à alerter les services sociaux de notre situation. Dans l'ensemble, les organismes répondent favorablement à nos requêtes et par leur fonds de solidarités débloquent un peu d'argent pour nous aider à passer les mois sans travail. Pour certains, c'est plus compliqué. Je me souviens d'une assistante sociale assez surprenante. A la question de savoir ce qu'elle peut faire pour nous aider, sa réponse sera assez brève et sans détour !

- *Rien !*

Elle étaye sa réponse en expliquant que cette situation est rare et qu'elle n'a pas de proposition à nous faire. Dans ce cas précis, je me dis que si le cas est rare, la moindre des choses est d'encourager les parents et de s'assurer auprès de sa hiérarchie que rien ne peut être fait tout en informant qu'un dossier est ouvert et que le service ne manquera pas de nous informer de son évolution. Mauvaise pioche, diront certains mais très contrariante vous répondront les parents d'enfants malades ! Nous avons des maladies dans notre pays qui peuvent tuer dès l'annonce du diagnostic comme le DIPG. Ne peut-on pas mettre en place une grille de lecture qui permettrait aux professionnels d'identifier rapidement toute personne atteinte par cette maladie ? On pourrait supposer aussi une visite, chez un expert médical par exemple qui permettrait notamment aux familles de bénéficier d'un parcours simplifié pour obtenir des documents, des cartes ou des aides. Car il faudra m'expliquer l'utilité de recevoir une carte pour personne handicapée quand votre enfant est décédé. Obtenir l'aide d'une AVS[8] six mois après la demande, quand votre enfant ne peut plus aller à l'école, ne sert pas plus les intérêts d'une famille et encombre les services de dossiers inutiles. Un partenariat avec les mutuelles, les assurances, et les services sociaux doit être possible. Encore une fois, nous savons le faire pour une communauté touchée par un attentat ou une catastrophe

---

[8] Aide de Vie Scolaire

naturelle. Elles sont prises en charge par des experts et la procédure s'en trouve accélérée et améliorée.

Les évènements pour notre association s'enchaînent et sont de plus en plus nombreux. Le conservatoire de musique d'Avignon, des écoles, des clubs se mobilisent. Je décide d'accélérer et de ne pas fléchir. Je profite de cet engouement pour maintenir la mobilisation. Les radios et la presse locale me contactent. Je pars en bataille, pensant qu'il faut expliquer la maladie et travailler à une sensibilisation. Nous ne gagnerons pas contre ces cancers pédiatriques sans une mobilisation générale. L'opinion publique, les médias, les célébrités, les parents, les associations, les chercheurs et les médecins, l'Etat sont tous impliqués à différents niveaux dans cette lutte. Il faut de l'unité et même si je ne suis pas dupe au point de penser que l'unanimité et la cohésion sur cette question s'obtiendront un jour, il est important de rassembler, en sensibilisant le plus grand nombre, en veillant à ne pas diviser. Nous avons tous le même adversaire, ne l'oublions pas ! Mais je n'omets pas de placer Léonie au cœur de ma réflexion. C'est elle qui est malade et nous devons aussi la protéger. Elle est maintenant entre sa dixième et onzième année, elle peut porter une réflexion de qualité sur nos choix. Et c'est ce que je fais quand la chaîne de télévision France 3 m'interroge pour un reportage. Nous en parlons en famille et Léonie ne montre pas un grand enthousiasme à se présenter devant une caméra. Nous respectons son intimité et déclinons l'offre de la chaîne.

Joyeux anniversaire

Ce sont les vacances de la Toussaint. Pour la première fois depuis notre ballade à Saint-Tropez en mai, nous envisageons de reprendre la route pour offrir à Léonie et Agathe, un peu de légèreté. Nous optons pour l'Italie dans sa partie boisée du nord. La location se situe dans un petit village baptisé Deglio Faraldi, perché sur les hauteurs d'Impéria. Nous partons ainsi quelques jours pour nous reposer. Le séjour se déroule à merveille et Léonie ne montre aucun symptôme de sa maladie. Nous sommes sur un nuage. Elle court et descend les escaliers comme durant ces belles années passées. Elle découvre tous les chats du village qui ont vite pris l'habitude de miauler sous nos fenêtres le matin pour réclamer leur nouvelle amie.

Avec l'aide d'une association, nous allons pouvoir l'inscrire au cours équestre dans un petit village près de chez nous. Chaque samedi elle se rendra aux écuries. Nous lui offrons une tenue neuve et complète pour parfaire son sentiment d'être une vraie cavalière. Le froid de l'hiver ou la pluie d'automne ne freinent en rien sa motivation. Ses retours du centre sont marquants. Son nez et ses oreilles rouges, ses doigts et pieds glacés sont la marque de fabrique du cavalier motivé. Je connais son heure de retour et je m'arrange pour lui préparer une énorme bassine d'eau chaude devant notre poêle à bois qui débute sa saison de chauffe. Un sofa est placé devant toutes ces sources de chaleurs et il ne lui manque plus qu'à se couvrir d'une bonne couverture polaire pour siroter son lait chaud de soja au chocolat cent pour cent cacao.

Les dons affluent à l'association, nous préparant toujours plus vers un départ à l'étranger comme souhaité. Nous n'avons pas encore décidé du traitement pour Léonie. Son état ne nous pousse pas non plus à l'urgence d'une décision. Nous avons sur la table plusieurs pistes et je note que durant cette fin d'année, un certain nombre de nouveaux protocoles se préparent à l'étranger. Nous les pensons prometteurs mais je ne comprendrai que plus tard que la vie de mon enfant n'est pas toujours en connexion avec les centres de recherches. L'objectif de ces derniers est d'obtenir une cohorte d'enfants répondant à des critères très précis. Si par exemple votre enfant présente un taux d'hémoglobine trop bas lors de son inscription, les docteurs vous remercient et vous demande de passer votre chemin. Je suis à ce sujet mitigé devant ces essais cliniques stricts qui ne laissent souvent aucune chance à des enfants DIPG à l'espérance de vie courte en raison de l'agressivité de la tumeur. Nous savons maintenant qu'ils auront besoin de traitements multiples pour pallier les mutations. Ce DIPG jette sur les routes beaucoup de familles. Ce n'est pas l'hôpital de campagne ou votre médecin traitant qui gère la situation. Il vous faut d'abord trouver des spécialistes de la maladie, souvent cantonnés dans les grandes villes comme Paris, Marseille ou Lille. Ensuite vous réalisez qu'il n'y a pas d'essai qui se conjugue avec espoir. Donc les parents se tournent vers des traitements si possibles les plus récents dont les résultats ne sont pas encore connus. Le problème réside dans le fait que notre pays ne bénéficie pas ou peu de mise sur le marché de nouvelles molécules (AMM[9]). Les cancers pédiatriques en sont souvent dépourvus. Peu à peu, nous commençons à nous tourner vers les Etats-Unis et le Mexique. Ce système ne peut pas arrêter ces familles avec leur enfant condamné à mort. Il est l'heure aujourd'hui peut être de se pencher sur ces cancers dits incurables qui volent dès le jour du diagnostic tout espoir de soigner votre enfant. On peut imaginer un assouplissement des règles à propos

[9] Autorisation de mise sur le marché.

des essais cliniques en pédiatrie, presser ou taxer davantage les laboratoires, ou augmenter les financements publics dédiés à ces recherches spécifiques de cancers incurables. De nos jours, il existe un grand mot dans la bouche de nos décideurs : contre-productif. C'est à la mode. On ne fait pas ou peu car il y a un risque de contre productivité particulièrement lorsqu'on aborde le sujet épineux des taxes auprès des laboratoires ! Je trouve cet abus de langage absurde car malheureusement moins de 10 % des 3 000 enfants en rechute chaque année en Europe ont accès à l'innovation thérapeutique en participant à des essais cliniques de nouveaux médicaments. Nous n'avons pas le droit de regarder nos enfants mourir alors que nous n'avons pas mis toutes les chances de notre côté. Je suis réaliste : nous ne sauverons pas tout le monde. Mais tant qu'il subsistera ces zones d'ombre inexploitées, nous ne devrons pas abandonner les familles. Pour des parents, comprendre que sa fille ou son fils est décédé parce que la société ne souhaite pas investir dans une recherche non rentable est juste insupportable.

L'association et ses rencontres nous écartent d'un éloignement certain que la maladie aime entretenir. Nous rencontrons des artistes, des sportifs, des gens formidables et remplis de générosité. Le 18 novembre, nous préparons l'anniversaire de Léonie. Acheter des ballons, des bougies, des cartes sont des épreuves difficiles en voyant dans la boutique tous ces enfants hurler leur joie devant autant de féerie. Dans un coin de ma tête, je ne peux m'empêcher de penser qu'ils sont très chanceux. Nous continuons à apporter à Léonie de la tendresse, de l'amour et beaucoup de temps. Nous lui proposons un anniversaire plein de notes et de couleurs. Nous préparons la salle en accrochant des ballons multicolores, nous tapissons les murs de belles cartes postales humoristiques. Les nappes aux couleurs de l'association, jaune et vert, sont tirées et fixées sur de grandes tables. Nous recevons les amis de notre fille et un groupe de musique pour assurer l'ambiance. Les personnes sont conviées à s'amuser dans un site très joli au cœur d'un parc d'arbousiers. Pendant ce temps-là, le groupe de musiciens s'installe et commence les balances. L'ambiance est belle et chaleureuse. En surprise, nous aurons une pièce montée confectionnée par un jeune pâtissier talentueux. Nous sommes ravis. La soirée a marqué définitivement notre petite Léonie qui fut à l'honneur toute la fête. Elle vient d'avoir dix ans… A ce moment-là nous ne le savions pas mais nous venions de faire la fête à quelques mètres de sa dernière demeure.

Un matin avec toi

*E*ncore *un matin, un matin pour rien...* sont les premières paroles d'une chanson de Jean Jacques Goldman. Il est à l'honneur ce 2 décembre à la salle Benoit XII d'Avignon. Cela fait plus d'un mois que l'association, avec l'aide d'une coach vocale, met en place ce concert. Alors que je m'exécute à la réalisation des affiches et de sa promotion, les membres de l'association distribuent les premiers flyers. Près de deux cents personnes ont fait le déplacement malgré une météo capricieuse avec un froid et un vent sibérien. Les Why Note et les chanteuses des Voices Kids Off montent sur scène pour livrer un formidable spectacle de chants. Léonie sera invitée plusieurs fois sur scène pour chanter et partager ce moment merveilleux. Nous nous souviendrons longtemps des efforts entrepris pour mettre en place ce show ambitieux. Mais quel souvenir pour Léonie de passer la journée avec ces artistes vus à la télé dans son émission préférée *The Voice Kids* ! Elle partage les loges avec Agathe et elles sont vraiment heureuses de vivre ces instants. Elles prendront le temps de s'habiller d'un chemisier blanc et d'une cravate noire accompagnés d'un pantalon Jeans comme la star l'était durant les années 80.

Nous avons un principe et nous veillons à ce qu'il soit respecté. Léonie est malade et nous savons que ces moments remplis de détresse peuvent nous faire basculer. Ma stratégie est simple. Il s'agit de ne pas se faire coincer, ni par le temps, ni par une pseudo lune de miel qui nous jetteraient sur un chemin sans retour. Se battre contre une maladie passe d'abord par un moral fort. L'association a pour première mission dans ses statuts de soutenir Léonie moralement. Mais il ne faut pas s'imaginer que chaque jour de la semaine, face aux sollicitations de l'association, Léonie est tenue de répondre aux obligations de ses fans et sponsors, telle une diva. Notre méthode est beaucoup plus linéaire. Nous lui demandons si elle veut faire le déplacement après lui avoir expliqué la thématique de la soirée. En général, elle souhaite la semaine rester à la maison car malgré un état stable, la fatigue est présente. Le samedi après-midi, sa priorité est le cheval et durant les mois d'hiver, il est généralement difficile pour elle d'enchaîner deux sorties. Mais peu à peu Léonie se rassure par rapport à l'association. Elle comprend qu'elle ne bouleverse pas sa vie. Elle devient progressivement très fière du combat mené par toutes ces nombreuses personnes qui l'entourent et qui découvrent une jeune fille pleine de courage.

Durant ce mois de décembre, je repère sur les réseaux sociaux une famille canadienne dont le petit souffre d'une tumeur du tronc cérébral. Elle part en Inde pour un traitement à base de cellules souches. Cet hôpital indien vante son succès sur internet. Je prends contact avec ce centre mais une chose me surprend et m'alerte sur le concept du protocole. Je ne suis pas mis directement en contact avec l'hôpital mais avec un soi-disant représentant à Toronto au Canada. Il m'explique qu'ils détiennent la solution pour augmenter la défense immunitaire du corps malade et qu'ils peuvent sauver notre enfant. Son discours est assez commercial et me prive d'un sentiment de confiance. Je demande à parler à des médecins. A travers une conférence téléphonique entre l'Inde, le Canada et la France. Nous allons tous nous entretenir pour comprendre les bienfaits d'un tel traitement. Il coute 100 000 $. Je suis méfiant devant cette somme et en raison de l'incapacité pour ces gens de me prouver qu'ils ont déjà eu des résultats. Mais je mènerai la relation jusqu'à son terme pour m'assurer que nous sommes en présence d'un groupe que je ne qualifie pas de charlatans, n'ayant pas les preuves nécessaires, mais de douteux. Aujourd'hui ce petit garçon est malheureusement décédé et il semble que ce protocole n'ait pas eu l'écho international tant attendu.

Le mois de décembre nous poussera jusqu'aux fêtes de fin d'année et son traditionnel nouvel an. Une nouvelle fois ce moment est si particulier pour nous. Nous ne savons toujours pas combien de temps cette belle lune brillera au-dessus de nos têtes. Nous souhaitons ces moments éternels mais malheureusement l'histoire s'accélère et les mois à venir seront de plus en plus difficiles. Nous ne voyons plus de médecin. Ce suivi face à des cliniciens sans initiative, sans questionnement, nous désabuse. Nous n'allons plus à l'hôpital car nous pensons aussi que marcher dans un couloir de la mort passe par le chemin de l'oubli de la maladie. Il est inutile pour Léonie de faire des voyages épuisants sans résultat ou proposition du corps médical. Cette forte impression que tout le monde attend la fin devant cette maladie incurable nous peine profondément.

Nous préparons donc le réveillon pour conclure l'année, en Ardèche. La fête n'a forcément pas le même gout que l'année précédente. D'ailleurs si l'on s'aventure à comparer de date à date, tout est terriblement et naturellement plus sombre la seconde fois. Nous essayons de ne pas trop regarder derrière nous. Plus rien n'arrive à éclairer avec une véritable joie nos lanternes. Le cœur, les yeux, la force, les larmes, les mots…rien ne peut soulager la pesante angoisse de vous lever un matin sans votre fille.

Nous sommes en compagnie de mon frère et de sa famille à laquelle s'ajoutent leurs amis. La fête bat son plein en attendant les douze coups de minuit. Cette nuit-là et pour la première fois depuis des semaines, je vois Léonie à nouveau très fatiguée. Vivre en permanence avec notre fille, nous apprend à la connaître toujours mieux. Nous lisons dans son regard, nous interprétons ses mots cachés, nous anticipons ses craintes. Nous observons sa déglutition, sa bouche, ses yeux…Et cette fois-ci, je sens bien que quelque chose change. Léonie se plaint de légers maux de tête et je trouve sa marche légèrement chaloupée. Nous sommes à quelques heures de la nouvelle année 2018 et de terribles nouveaux défis vont surgir face à nous. Le temps de la récréation est terminé.

Essai non transformé

Chaque nouvelle année connait son lot de souhaits, de promesses ou de vœux en tout genre. Pour notre part, nous savons que l'année 2018 nous marquera certainement pour le restant de notre vie. Heureux d'avoir pu terminer la précédente en compagnie de Léonie, nous sommes conscients et surtout prévenus que nous devons nous préparer au pire.

Mais nous n'abandonnons pas. Je continue de suivre les comptes rendu internationaux des oncologues à propos des cancers pédiatriques. Le bilan est mitigé. Nous nous faisons une joie de lire que des pistes encourageantes sont découvertes sur les paillasses de nos chercheurs mais elles demanderont encore des années pour arriver dans nos pharmacies. Je finis par comprendre qu'une bonne nouvelle d'un laboratoire ne s'accompagne pas du mot guérison. Les choses sont plus compliquées et les délais sont importants entre le moment de l'annonce et la mise en pratique d'un traitement supposé. Je ne compte plus les espoirs déchus de nos chercheurs qui, d'une année sur l'autre, annoncent à la communauté scientifique détenir peut-être le remède magique.

Depuis le mois de novembre j'avais une cible dans mon viseur avec une molécule datant de 2013. Elle s'appelle l'ONC201 et est produite par un laboratoire américain. À l'origine ce médicament sert les cancers des adultes. Durant les années 2016 et 2017, le laboratoire met en place un essai ouvert aux adultes touchés par le glioblastome, un cancer du cerveau dur et au pronostic souvent sombre. Il s'avère que les patients réagissent assez bien et une dame de 28 ans va connaître une rémission contre toute attente. Il est utile de préciser que ces cancers ne se soignent pas comme le

DIPG. En effet la position de la tumeur autorise parfois l'opération chirurgicale permettant ainsi une diminution de la masse tumorale en première ligne de traitement. Cependant cette jeune dame après une analyse de sa tumeur, se voit confirmer une mutation H3.3k27m. Et là les choses deviennent intéressantes car c'est une mutation que l'on retrouve dans 60 % des tumeurs du D.I.P.G. La biopsie de Léonie a identifié cette anomalie. Donc, à l'heure où le Mexique semblait prendre le dessus dans nos choix, je marque une pause pour essayer d'entrer en contact avec les responsables de l'essai à New York.

Le docteur américain me confirme que tout semble concorder avec les critères d'inclusion. Je m'en réjouis jusqu'au moment où j'apprends qu'il faudra débourser 50000 $ par année de traitement et 15000 $ par nuit aux urgences dans un hôpital américain, si le cas devait se présenter. Je trouve assez scandaleux que pour un essai en démarrage, le laboratoire ne finance pas les traitements. Et je m'interroge davantage sur l'absence de l'Etat français à aider dans de pareil cas. Bien sûr, on m'expliquera de façon comptable et froide qu'un Etat ne peut financer tous les patients sur des essais en phase de démarrage. Mais je me dis quand même que l'on finance tellement de choses moins utiles. L'association peut le payer et je veux le tenter car pour la première fois je découvre un essai ciblant une mutation. Seulement, malgré l'urgence, je vais réaliser que ces médecins ne sont pas là pour aider votre enfant mais pour réaliser une étude avec des enfants. Ce télescopage entre une science d'aujourd'hui avec une vie sauvée demain ne les oblige pas à porter secours à une enfant mais à répondre à des questions purement scientifiques. Les choses se compliquent. L'hôpital américain n'est pas pressé d'inclure Léonie. Le temps passe et nous mettrons un mois à admettre qu'il nous sera impossible d'essayer ce protocole. Nous sollicitons l'aide en dernier espoir des instituts Parisienne pour appuyer notre demande et malgré leur réputation internationale cela ne suffira pas à faire pencher la balance en notre faveur. L'essai va s'ouvrir avec deux ou trois enfants Américains puis c'est en cascade au fil des mois que d'autres petites cohortes seront incluses dans le protocole le temps d'estimer le risque de toxicité du médicament. Quelques mois plus tard, nous apprendrons que seuls quinze enfants sont présents et suivis. De plus la pédiatre new-yorkaise m'explique que ce n'est pas son centre qui gère le traitement et le protocole mais le laboratoire. En fait, elle ne représente que le bras du système de recherche car toutes les décisions et les responsabilités reposent sur le fabricant qui ne semblait pas vouloir miser sur l'inclusion de jeunes internationaux. Il est alors possible de demander le médicament à titre compassionnel. Cela autorise le laboratoire fabriquant à le fournir à un autre centre de son choix. Il y voit une manière d'étendre son champ d'action. Malheureusement Paris et ses médecins ne trouvent pas d'issue ni d'entente avec le laboratoire américain. Léonie ne partira pas aux Etats-Unis.

C'est dans ce contexte que le mois de janvier s'achève. Léonie montre peu à peu des signes annonçant un retour de la maladie. Son allocution est moins nette, sa marche plus hésitante, et surtout sa motivation légendaire à entreprendre des choses est en chute. C'est maintenant que nous devons agir.

Le grand voyage

L e 1ER février nous enregistrons une vidéo démontrant aux docteurs mexicains que Léonie peut voyager, courir, manger, boire et parler. Nous préparons le dossier qui sera expédié le lendemain. Nous attendons quinze jours la réponse qui valide et autorise Léonie à se rendre à Monterrey, au nord du Mexique pour suivre une chimiothérapie intra-artérielle.

Cette clinique privée défraye la chronique dans le monde médical. Les articles de la presse internationale ne cessent de pointer, d'un doigt accusateur, ce couple de médecins. Notre médecine a ses codes, ses règles, pour ne pas dire ses lois. Elle voit souvent d'un mauvais œil, toute tentative ou tout propos isolé comme une forme d'agression. D'un côté, il y a la médecine collégiale pratiquée officiellement par une grande armée de blouses blanches et de l'autre côté, les tentatives de sorties de rang de quelques médecins. Ces derniers sont souvent considérés comme des frondeurs solitaires et traités parfois de charlatans. Mais en y regardant de plus près cet argument qui consiste à dire que cet hôpital ne devrait pas faire payer les familles pour cet essai me laisse songeur. En l'opposant aux Américains, je constate que tout le monde passe à la caisse quand nous devons nous éloigner de notre système de couverture de santé.

Un chirurgien australien en a fait les frais. Après une reconnaissance unanime et internationale de ses qualités par ses pairs, il va se voir peu à peu démonter par une presse relayant allègrement ses pratiques contestées en décidant d'opérer certains enfants DIPG. Nous avons pu nous entretenir avec lui et ses services en lui soumettant les images de la tumeur de Léonie. Et si l'on se base sur sa décision concernant notre cas, on peut dire qu'il a pris le temps d'observer et de ne pas prendre ce risque. Léonie a été refusée. Il se pose alors la question : jusqu'où peut-on aller pour tenter de sauver la vie de son enfant. Personnellement, quand les options de soins sont épuisées, je ne m'oppose pas à une tentative de la dernière chance. Opérer une tumeur du DIPG entraine un risque important de séquelles ou de mort. En s'appliquant une position attentiste, le risque de mort est de 99,9 % avec le gliome du tronc cérébral. Le choix est cornélien ! Qui a tort, qui a raison ? Je n'ai pas de réponse franche à ce sujet mais si ce médecin nous avait proposé une opération, je me serais posé des questions.

Les Mexicains l'ont compris et proposent des traitements à base de chimiothérapie avec des résultats et analyses réguliers et un suivi presque quotidien. Certes ces deux oncologues, l'un formé aux Etats Unis, l'autre en France, n'ont pas la réputation de certaines élites internationales mais ils parviennent cependant en quelques mois à attirer 70 familles du monde entier qui ont compris que, dans leurs pays respectifs, plus rien ne serait tenté pour essayer de sauver leur enfant. Les parents que nous avons rencontrés sont unanimes dans leurs réflexions et leurs jugements. La majorité a vécu son parcours avec une sensation d'abandon, une perte de confiance envers les médecins. Notre modèle d'accompagnement a un besoin urgent d'être repensé. Nous ne pouvons plus dire aux parents en cinq minutes

- *Profitez de votre enfant et bon courage ! Au revoir Madame, au revoir Monsieur.*

Il faut que les familles sentent que les communautés scientifiques nationales et internationales sont à leurs côtés avec des moyens financiers et humains. Il ne faut pas longtemps pour comprendre que le jeu de la minorité frappe ces enfants malades et, qu'aujourd'hui, on ne cherche pas et on n'investit pas au prorata de la dangerosité de la maladie mais en fonction du nombre de patients concernés. Plus il y a de malades, plus c'est rentable ! À partir de cette constatation avouée au plus haut sommet des Etats, les familles partent à la chasse aux traitements pour essayer d'aider leurs enfants ! C'est abject mais c'est la réalité de notre monde. Ces centres et ces pratiques montrés du doigt perdront de leur attraction quand nos sociétés et leurs représentants écouteront attentivement les familles et proposeront plus de traitements pour donner une lueur d'espoir à leurs enfants. Car au fond, qui est le plus fautif dans cette affaire : une clinique qui tente une chimiothérapie non expliquée ou des laboratoires qui ne s'investissent pas corps et âme dans la recherche pédiatrique ? En tous les cas, ce ne sont peut-être pas des parents qui regardent chaque jour au fond des yeux de leur enfant toute la détresse d'une vie bientôt gâchée.

Les familles avides d'exil s'appuient peu à peu sur les premiers résultats de ce traitement mexicain. Les rapports sont encourageants. Après quelques injections, certains enfants perdent leur strabisme ou leur jambe folle. Et en tant que responsable de nos enfants, ces petites victoires sont précieuses. Car, au fond, je crois que chaque parent essaye de gagner du temps en offrant une meilleure qualité de vie à son enfant et en espérant croiser le chemin d'un traitement miracle. Il est certain que la rationalité ne domine pas toujours nos schémas de pensées. Nous misons aussi sur le facteur chance.

Le protocole consiste à injecter des drogues pour frapper la tumeur au plus près. Ce DIPG présente un problème majeur et naturel nommé la barrière hémato-encéphalique. Elle est présente chez tous et a pour fonction de stopper toute intrusion d'agents pathogènes ou de toxines. En bref, envoyé de la chimio en intra veineuse dans le bras ne sert à rien, car le pons n'en profitera pas ou peu. Alors les médecins ont pensé contourner le problème. En Angleterre, on emploie la méthode CED (Convection Enhanced Delivery). Par l'intermédiaire de petite sonde pénétrant la boite crânienne, les docteurs réussissent à injecter les produits dans la tumeur. Les Mexicains optent pour une autre technique en repérant l'artère du haut de la cuisse qui alimente aussi ce pons. Cette chimio ciblée par le trajet emprunté sera définitivement intéressante quand nos savants auront trouvé la drogue tueuse ou réparatrice des cellules malines. Pour le moment nous n'en sommes pas là et ce pays d'Amérique centrale n'affirme pas encore sauver les enfants mais démontre qu'ils sont capables de prolonger la vie.

Voilà comment en quelques semaines et quelques rencontres nos vies vont se tourner vers cette note d'espoir. Il ne s'agit pas à ce moment-là de dire qui à tort ou qui a raison mais bien de tenter le miracle pour certain et l'impossible pour d'autres. Ce dont je suis sûr c'est que le vide suscité par l'absence de réels traitements efficaces nous amène sur cette route et continuera à jeter des dizaines d'autres plus tard. Je le répète donc : il est urgent que les pouvoirs publics, les autorités sanitaires, les laboratoires décident, investissent, et progressent en termes de solutions thérapeutiques. Il faut cesser de faire croire aux parents et à d'autres que toutes les forces en présence pour aider nos enfants atteints d'un cancer du tronc sont en action. Les freins sont encore nombreux.

Nous partons pour le Mexique. Nous sommes attendus par les docteurs le 5 mars. Entre le moment où nous prendrons notre décision et ce rendez-vous fixé par l'hôpital, nous aurons moins d'une semaine pour préparer la lourde logistique nécessaire pour assurer la sécurité et la scolarité d'Agathe et notre propre organisation pour nous rendre à 6 000 kilomètres de notre domicile.

Léonie est prévenue. Nous devons avouer que ce départ suscite chez elle, un certain déchirement. Quitter l'école, les amis, sa sœur et sa maison reste pour elle un moment difficile. Nous tâchons de lui expliquer tout l'intérêt que nous portons dans cet essai.

Monterrey I

Nous sommes le 3 mars, nous approchons de l'aéroport de Marignane, proche de Marseille. Nous laissons ainsi derrière nous, notre vie, notre travail, notre maison pour partir en Amérique centrale. Nous sommes en contact avec une famille franco-anglaise qui pratique ce traitement pour leur fille depuis quelques mois. Nous glanons quelques informations utiles. Le voyage est long. Nous transitons par l'Allemagne, puis nous faisons une escale à Mexico avant de rejoindre Monterrey. C'est une amplitude de 24 heures passée dans les avions et les aérogares. Nous avons préparé le séjour en espérant offrir le maximum de confort à Léonie. Nous prévenons aussi tous les aéroports de notre passage et de la nécessité d'être accompagné par un personnel au sol.

Lorsque nous foulons le sol mexicain nous découvrons que la chaleur est importante. La fatigue des derniers mois et le décalage nous assomment littéralement. Nous découvrons la chaîne internationale de taxis privés très au point dans cette grande ville. Nous n'utiliserons que ce moyen de transport durant nos séjours sur place.

Nous avons dû scinder notre location en deux étapes, faute d'appartement disponible pour la période complète. La ville de Monterrey est très chère à la location. Nous frôlons les tarifs de la capitale française. Nous nous retrouvons donc les premiers jours dans un quartier au sud de la ville. Assez modeste, pour ne pas dire assez pauvre, il nous offre une vision réaliste de la vie d'une frange importante de cette population vivant à Monterrey. L'eau ne semble pas arriver à tous les étages dans ces maisons en mauvais états. Les enfants sont propriétaires des rues et il n'est pas rare de les entendre taper dans un ballon tard dans la nuit. Nous nous installons et nous déballons les petites affaires de Léonie dans sa nouvelle chambre. Elle s'organise et commence à préparer son bureau comme à la maison ou à l'école. L'ambiance est bon enfant mais les maux de tête de Léonie deviennent oppressants. Nous avons rendez-vous le lendemain avec la clinique afin de rencontrer les deux médecins en charge du protocole.

Je m'aventure dès le premier soir dans les rues à pieds pour me rendre au supermarché de la ville. Ma valise m'accompagne et me servira de caddie. Je découvre une ambiance vivante où la voiture est reine et où les piétons n'ont qu'à bien se tenir. Ici, on ne freine pas ! Durant notre séjour, nous sommes étonnés de ne pas voir plus d'accrochages car lorsque vous montez dans un taxi, en plus du voyage, on vous offre les sensations fortes en frôlant un grand nombre d'obstacles. C'est ainsi et nous finirons par nous y habituer... enfin presque ! Pour l'anecdote, nous avons dû un jour bruyamment stopper un taxi en tapant sur sa carrosserie car le conducteur repartait alors que Léonie avait les pieds au sol et les fesses encore sur le siège arrière ! La ville et ses commerçants offrent leurs services souvent 24h/24. Il n'est pas rare de trouver des supermarchés ouverts en pleine nuit. L'économie de ce pays vacille entre une volonté de prospérer par le travail et la corruption. Le taux de chômage dans les grandes villes peut ne pas être important car on emploie n'importe qui pour n'importe quoi. Mais une grande misère règne car les salaires sont très faibles au regard de la quantité d'heures effectuées sur son lieu de travail.

Avec les rencontres de familles mexicaines, nous concluons que ce peuple est d'une grande gentillesse et très serviable à l'égard des touristes étrangers. Ils ont cependant une habitude assez bruyante.

Les mexicains écoutent de la musique de façon très collective. Tout le monde en profite. Une seule maison suffit à couvrir de musique latino inspirée directement de Luis Mariano une rue entière et cela jusqu'à tard dans la nuit. Nous ne cherchons pas à contester car cette habitude est si ancrée dans les us et coutumes des habitants que personne ne semble dire quelque chose. Je m'interroge cependant sur le nombre d'heures de sommeil dont peuvent jouir les voisins. Autre pays, autres mœurs.

Nous approchons de la clinique en taxi. Nous avons rendez-vous à 11 heures. Nous sommes arrivés dans une petite rue en travaux. A Monterrey, les buildings sortent de terre à très grande vitesse. Nous poussons une lourde porte d'entrée donnant accès à un petit hall. Les premiers visages que j'aperçois me font penser qu'il s'agit d'Occidentaux ou d'Asiatiques. Une secrétaire bilingue nous accueille et nous demande de patienter. Nous allons apprendre ce que le mot *horita* signifie pour les mexicains. Lorsqu'il est prononcé, il signifie *patientez un peu*. Mais cela ne reste qu'une formule de politesse, car en réalité, au Mexique, vous attendez pour tout ! Et parfois cela peut représenter des heures. Je ne suis pas une personne très patiente, mais je dois avouer que j'ai appris à me caler calmement dans un fauteuil à la seule évocation du mot.

Une heure plus tard, nous rencontrons deux médecins. L'un est pédiatre, grand et assez frêle. Il maîtrise le français mais il a cette particularité de parler si lentement qu'on peut se demander parfois s'il a bien compris notre question ou s'il ne va pas s'endormir entre deux phrases. L'autre, plus anglophone dans son parlé et plus costaud, est l'oncologue. Il est beaucoup plus blagueur. Cet entretien nous permettra de comprendre ce que les médecins comptent faire avec notre fille. Nous n'apprendrons guère plus sur l'état de santé de Léonie

Le lendemain, nous nous rendons à l'hôpital pratiquant les soins. Malgré tous les avertissements et les préparatifs en amont auprès de nos banques françaises, nous rencontrons notre première difficulté. Les sommes à payer sont très importantes. Cet hôpital tire une ligne de frais à chaque intervention aussi anodine soit elle. Une prise de température, un pansement posé, un échange de cathéter, tout est facturé. Donc, avant de pouvoir accéder à la chambre ou aux soins, on vous demande dans un magnifique bureau et face à un agent costume cravate, de bien vouloir avancer l'argent. Plusieurs milliers d'euros sont demandés et notre carte ne répond plus, le plafond autorisé étant dépassé. L'anglais dans cet hôpital n'est pas très répandu et vous oblige parfois à des gestuelles complexes pour arriver à vous faire comprendre. Un paiement qui aurait dû requérir cinq minutes nécessitera en fait une heure de palabres pour, qu'à terme, nous trouvions un arrangement.

On nous invite de nouveau à patienter dans des canapés confortables. Nous prenons le temps d'observer le va-et-vient du personnel de l'hôpital. Une chose nous intrigue. Nous voyons en une heure d'attente passer des dizaines de fois les mêmes personnes. Je me demande alors comment tout ce monde peut être productif en dépensant autant de temps à marcher dans les couloirs. Léonie est aussi étonnée et nous pose spontanément une question.

- *Ils sont payés à pousser des portes dans cet hôpital, maman ?*

Léonie est appelée. Elle pratique une IRM de début de suivi, et dans la foulée, elle suit les médecins pour recevoir sa première chimio intra artérielle. À nouveau, nos cœurs se pincent en voyant cette grande porte se refermer derrière Léonie seule avec elle-même, si jeune et si loin de chez elle. Je me souviens de cette première séance de radiothérapie. Je n'oublierai jamais cette fille courage. Je me demande ce qui lui passe par la tête à cet instant précis. Est-ce que nous lui proposons les bonnes choses ? Est-ce que nos choix sont les bons ? Je ne sais plus car nous avons rencontré le jour de notre arrivée d'autres familles venues des quatre coins de la planète et, en regardant leurs enfants, je constate que la maladie a continué de ronger certains après des mois de traitements. Nous nous forçons à penser que, malgré l'aspect palliatif, il est possible que notre fille y réponde favorablement et qu'elle pourrait ainsi jouir d'une qualité de vie meilleure. Je ne sais plus et personne ne le sait d'ailleurs. Nous sommes livrés à nous-même et au destin de notre fille qui ne tient qu'à un fil. Je me suis toujours efforcé de penser au meilleur pour elle. Je l'aime si fort mon enfant.

Dans une vie en général, la fratrie est puissante et vous apporte force et équilibre. Depuis que nos enfants sont petits, nous cherchons à les mener vers un monde qui se partage, qui se regarde ou qui se vit. Avant la maladie, Léonie était un point de repère pour moi et me forçait ainsi à souvent réfléchir sur moi-même en n'hésitant pas à me remettre en cause par moment. Très jeune et très vite, nous avons pu avoir des conversations très abouties. J'aimais beaucoup cette faculté qu'elle avait à suivre sa mère ou son père pour savoir, pour apprendre. Il lui fallait toujours connaître le pourquoi du comment. Pour elle, un phénomène devait s'associer à une explication et avait sa raison. Plus Léonie grandit et plus je me retrouve en elle. Je n'aime pas le vide, l'absence ou l'inexpliqué.

Nous découvrons une chambre digne d'un palace. Nous rencontrons les médecins en charge du suivi médical durant le court séjour. L'équipe est assez jeune. Après l'injection, l'enfant est gardé sous surveillance 24 heures avant de regagner sa maison.

Je m'interroge sur tout ce luxe pour traiter nos enfants. Cela profite forcement à certains. Et, pendant que nos cœurs souffrent, des laboratoires ou des hôpitaux privés s'enrichissent de milliards de dollars et l'activité économique liée à la santé tourne à plein régime. Nous sommes alors sous l'emprise d'un système que nous ne contrôlons pas ou plus. Je ressens ce gout amer que nos vies dépendent de tous ces paramètres et de la seule volonté d'une poignée d'hommes et de femmes. Cette conclusion ne doit pas me remplir de détresse. Il faut continuer notre chemin pour toute notre famille et en particulier pour Léonie. Demain, elle ne sera peut-être plus là et nous devrons continuer à vivre sans elle en évitant cette colère, pour ne pas dire cette rage, qui pourrait facilement nous faire basculer dans le vide.

Nous sommes avec notre fille au réveil de la petite opération. Elle gémit et se plaint de sa cuisse, piquée pour les besoins de l'injection. Peu à peu la douleur se fait intense. Les médecins ne réagissent pas et nous expliquent que cela va passer. Nous nous fâchons. Cathy s'adresse au surveillant en lui expliquant qu'aujourd'hui en 2018, la douleur se maîtrise et même éphémère, elle ne doit pas s'imposer au patient. Il lui faut un calmant et tout de suite. Nous sommes écoutés et Léonie retrouve alors peu à peu son calme.

Les médecins sont contents de leur première intervention. Léonie remonte peu de temps après dans sa chambre quatre étoiles. Nous reprenons alors un rythme connu dans les hôpitaux. Deux questions existentielles s'imposent dans ces lieux. On mange quoi ? On dort où ? Une fois que nous avons obtenu les réponses, nous reprenons notre activité principale : l'attente. L'expression *les cent pas* prend alors une incroyable dimension. Mon téléphone en poche et son application santé m'annoncent que je bats chaque jour mon record de marche quotidienne.

Nous rentrons à notre location. Léonie est fatiguée mais les deux premiers jours post-traitement sont positifs, malgré de légers maux de tête. Les choses vont pourtant se dégrader au fil du temps et nous allons connaître notre première difficulté avec cette chimiothérapie. Plus le temps passe, plus les douleurs sont vives. Léonie peine à se lever. Nous sommes dorénavant coincés dans l'appartement et pourtant nous allons devoir le quitter. L'heure du transit vers notre nouvelle maison a sonné. Trois énormes valises, trois valises cabines et trois sacs à dos à déplacer, sans compter Léonie à qui il faut tenir la main pour éviter le risque d'une chute. La position debout est de plus en plus difficile à tenir. Nous allons devoir appeler plusieurs taxis. Le premier ne sera pas le bon. Son coffre ne nous sert à rien car son propriétaire a opté pour une sono caisson Bass occupant les deux tiers de la malle. Nous décidons alors que je garde tous les bagages et que Léonie et Cathy prennent ce véhicule. Je commande un second en espérant que toutes mes affaires tiennent cette fois-ci.

Nous y parvenons. Nous sommes de nouveau réunis dans une belle villa avec un grand salon cuisine et son jardin où trône un bananier. Un étage sert à la distribution de trois chambres que nous occuperons seulement la première nuit. Un matelas est descendu et nous improvisons un coin repos au milieu du salon afin que Léonie, contrainte de s'allonger, puisse vivre et partager nos temps de vie.

Nous commençons à nous inquiéter sérieusement de ces maux de tête qui ne passent plus et qui engendrent chez notre fille des gémissements, de manière intense et régulière. La journée s'achève : il est l'heure pour tout le monde de se reposer. Nous espérons demain matin, lorsque nous serons aux côtés de Léonie, que le soleil brillera à nouveau sur nos têtes en compagnie des cris de ces étranges oiseaux qui colonisent notre jardin.

La fin de la nuit approche lorsque Léonie se plaint à nouveau. Les vomissements à répétition sont de retour. Nous la voyons très mal avec une capacité respiratoire affaiblie. Nous sommes en contact avec les médecins et nous leur envoyons des messages afin de connaître leur position. Ils nous demandent de l'amener à l'hôpital. Il est cinq heures du matin. Il fait nuit. Nous ne connaissons pas la ville. Heureusement, quelques jours auparavant nous avions pris contact avec une Française installée à Monterrey. Elle avait eu la gentillesse de nous amener le premier soir des petits plats typiquement mexicains. Nous avons son téléphone et nous décidons de l'appeler pour savoir s'il elle peut nous aider à transporter Léonie. Elle nous confirme que son mari arrive dans vingt minutes.

Ce garçon d'origine aztèque est imposant. Je lui demande de récupérer Léonie à bout de bras dans la chambre située à l'étage. Les bagages ont en effet eu raison de mon dos. Nous l'installons dans la voiture et c'est alors à vive allure que nous partons à l'hôpital. Le stress est à son comble. Je suis à l'avant pendant que Cathy maintient Léonie à l'arrière. Elle vomit de nouveau et malheureusement cette fois-ci sa position semi-couchée, sa faiblesse à déglutir provoquent un retour et une obstruction des voies respiratoires. Notre conducteur stoppe la voiture et disparaît ! Léonie peine à respirer et nous inquiète. Je descends du véhicule dans une rue déserte à cette heure matinale pour hurler le prénom de notre chauffeur. Mais en vain, rien ne bouge. Où est-il donc passé ? Pourquoi nous a-t-il brusquement quittés ? Cinq minutes interminables plus tard, je le vois au bout de la rue surgir d'une droguerie. Il est parti acheter des sacs poubelles ! Léonie ne laisse passer qu'un filet d'air et ses poumons émettent un long sifflement inquiétant. Cette fois je le pousse à courir et à remonter dans sa voiture pour tenter d'atteindre l'hôpital le plus vite possible. Heureusement, les avenues sont calmes et nous pouvons rouler rapidement jusqu'à l'hôpital. Léonie est maintenant sous oxygénée.

Nous déboulons dans les couloirs des urgences. Léonie est prise en charge. On va l'intuber et aspirer dans ses poumons, faire une radio et la surveiller. Nous prenons alors conscience que c'est environ un demi litre de sa soupe du soir qui obstruait ses voies respiratoires. Les nouvelles après quelques heures sont bonnes mais les maux de têtes ne passent pas et sont d'une grande violence. Elle ne peut plus se lever sans ressentir une douleur vive. Nous commençons alors un traitement de fond jusqu'à réintroduire les corticoïdes. Malheureusement les effets sont minimes et le mal persiste.

Nous allons devoir rester plusieurs jours en UCI[10] pour s'assurer que Léonie ne déclenche pas une infection pulmonaire. Durant ce temps nous rencontrons d'autres parents suédois, grecs, américains qui s'interrogent comme nous sur la qualité du traitement de ces dernières semaines. En effet les enfants présentent souvent des symptômes similaires. Il semble donc que le traitement d'origine a été changé au profit d'un nouveau plus agressif. Nous nous retournons vers les docteurs qui ne semblent pas inquiets de la tournure des évènements. Et, comme à chaque fois dans ces cas-là, notre confiance à leur égard s'amoindrit. Les conversations se tendent et nous demandons une réunion avec l'ensemble des intervenants pour faire un point précis de la situation.

---

[10] Unit Care Intensive : Salle de soins intensifs

Nous nous retrouvons en face-à-face avec les docteurs. La conversation est sereine mais les solutions et les explications ne sont pas très convaincantes. Les médecins évoquent une inflammation et une tumeur en pleine activité. Le monde glisse sous nos pieds et après Marseille, Paris, Montpellier, nous ne trouvons toujours pas l'apaisement outre-Atlantique.

Les urgences augmentent nos dépenses. Chaque jour présent dans cette unité nous coûte environ deux mille euros supplémentaires. Pourtant Léonie a mal à la tête mais sa diction s'améliore. Nous décidons donc de persévérer en s'appuyant sur les conseils des familles qui nous rapportent que leurs enfants ont aussi connu des débuts de traitements chaotiques.

Nous arrivons peu à peu à sortir en organisant de courtes balades. Nous passerons le dimanche de Pâques avec la famille de notre propriétaire avec laquelle nous avons sympathisé. Ce jour-là, nous jouons au loto tous ensemble. Nous écoutons nos nouveaux amis chanter accompagnés d'une guitare. Il fait chaud. Nous installons Léonie sous un arbre, allongée sur une couverture. Elle s'empresse de récupérer et d'entamer sa collection de livres qu'elle aime tant. Elle me regarde et me sourit. Notre moral chute un peu car nous sentons bien que les choses ne vont pas comme nous le souhaiterions. Notre fille souffre et nous ne pouvons pas lutter à armes égales contre cette maladie. Notre posture est celle d'un spectateur démuni. Nous écoutons les médecins mais, à l'image d'une boule de feu jetée à pleine vitesse dans un corridor, nous courons, nous courons encore et encore pour y échapper mais elle nous rattrape !

Après trois semaines, une seconde injection est programmée. Notre souhait le plus cher est de mettre un terme à cette inflammation qui use notre fille à petit feu. Ses jolis yeux sont cernés de noir et elle maigrit en s'alimentant de moins en moins. A son arrivée au Mexique elle avait la force de faire des exercices d'école, des balades, des coloriages mais plus les jours passent plus ses capacités sont amoindries. Ses journées se résument de plus en plus à une position couchée qui nous oblige aussi à rester à ses côtés. Les cinquante mètres carrés du rez-de-chaussée de la maison vont alors devenir un lieu de vie et de repos permanent. Nous tournons et virons en attendant que les choses veuillent pour une fois tourner en notre faveur. Nous insistons sur nos repas équilibrés. Léonie aime ces petits desserts avec des graines de chia ou ces quiches cétogènes.

Nous commençons à prendre nos habitudes dans cette ville. Pour cette deuxième injection, nous nous rendons dans un nouvel hôpital d'aspect beaucoup plus sobre que le premier. Il ressemble plus à un dispensaire africain qu'à un hôpital comme nous les connaissons dans notre pays. Cela nous convient, il est propre, les repas sont bons et le personnel est très disponible. Il nous fera aussi économiser les frais coûteux de notre centre de luxe choisi pour le premier traitement.

Notre taxi cherche l'entrée de l'hôpital. Un bâtiment simple, qui se confond avec les habitations voisines. Nous rentrons et découvrons un accueil où s'agglutinent des dizaines de personnes parfois assises sur le sol. Nous sommes épiés à notre arrivée par des gens certainement modestes et ne pouvant pas s'offrir les services des organismes privés de la ville. Les regards vitreux, ils toussent, reniflent ou soupirent. Un long couloir distribue les salles de consultations ou de soins. Léonie est attendue à l'étage. Les infirmières nous saluent et la préparent pour sa seconde chimio. Tout le monde est gentil et assure son travail dans une bonne humeur. Elle doit reprendre position sur un brancard car nous découvrons que la salle de traitement est de l'autre côté de la rue. Donc, de façon assez étrange, c'est une ambulance qui pratique le transfert en faisant le tour du quartier pour se positionner devant le bâtiment concerné. Et le plus drôle c'est que le chauffeur attendra tout l'après-midi avec nous pour ramener Léonie dans sa chambre. Quand je dis que ce pays offre des services professionnels pour tout et pour rien, ce n'est pas faux !

Nous décidons de nous promener dans le quartier en attendant que les docteurs traitent Léonie. Le bruit, la chaleur et le peu de motivation à visiter les alentours nous obligent à trouver refuge sur un banc dans un petit square à l'abri de la foule. Chaque temps de pause est marqué par un moment de chagrin et de grand désarroi. Nous sommes une mère et un père qui se demandent où cela va nous mener. Les larmes coulent et nous ne savons plus quoi nous dire. Comment notre famille a pu en arriver là ? Comment pouvons-nous imaginer vivre un tel parcours de galérien ? Nous ne pouvons répondre à toutes ces questions. Nous surveillons l'heure. Il est temps de retourner aux abords de l'hôpital pour attendre la sortie du bloc de notre petite chérie.

Léonie ouvre les yeux. Je me fais une joie de l'entendre parler avec force et de voir ses yeux recentrés. À nouveau, les douleurs à la cuisse apparaissent. Cette fois-ci, le docteur ne traîne pas à les traiter. Il se souvient de la ruade de Cathy quelques semaines plus tôt. Léonie va bien. Nous retournons à notre maison après une nuit à se reposer au centre hospitalier.

Nous constatons que les choses s'améliorent. Nous anticipons avec des antidouleurs plus puissants. Je confirme notre retour en France à la compagnie aérienne. Nous avons encore cinq jours de repos avant notre départ et cela nous remet du baume au cœur. Malheureusement, cette maladie nous démontre encore une fois que même en planifiant les choses au jour le jour, elle peut vous surprendre à tout moment et vous stopper net dans votre projet. Très vite les choses s'accélèrent. Léonie perd peu à peu de sa vitalité. Elle est clouée au lit et ne peut ni se lever ni marcher seule. Cette fois, nous n'attendons pas une éventuelle amélioration. Vers 20 heures, alors que Léonie est de retour depuis deux jours à la maison, nous appelons une ambulance. L'équipe entre dans la maison pour installer notre fille sur un lit à roues. Nous prenons place pour une énième fois dans un véhicule médicalisé. Avec une petite différence cette fois-ci : nous allons traverser une partie de la ville, sirène hurlante avec un chauffeur qui n'hésite pas à foncer dans les virages et les ronds-points. Nous regardons Léonie, stoïque sur son lit, immobilisée par un jeu de sangles bien tendu. Quant à nous, libres de nos mouvements à l'arrière du fourgon, nous avons la désagréable aventure de basculer et de nous heurter d'une paroi à l'autre du véhicule dans chaque virage. Pourtant la situation et la tension palpable nous poussent à nous amuser en riant de cette situation cocasse et inattendue.

Nous avons repéré un hôpital juste à côté de chez nous. Nous optons pour celui-ci afin d'assurer un premier check-up de notre fille. Malheureusement, notre choix ne s'avère pas le bon car le médecin de garde nous fait savoir qu'il ne possède que très peu d'outils ou de machines pour contrôler et qu'il est plus sage de nous rendre dans notre hôpital de luxe des premiers jours. Nous recommandons une ambulance. Et quelle surprise, nous allons pouvoir voyager à nouveau avec notre duo rebaptisé pour l'occasion, *Starsky et Hutch*. La balade fut tout aussi mouvementée et ce tour de manège diabolique se termine devant la grande porte de notre *Carlton Hospital*. À partir de cet instant, nous connaissons parfaitement les lieux et les habitudes notamment le légendaire « dégainage » de la carte bancaire obligatoire dès notre arrivée !

Les poumons de Léonie sont remplis et son état de santé est au plus bas. Nous sommes éreintés par ces soirées dans les hôpitaux. Ces heures d'attentes et ces moments de stress nous épuisent. Léonie est prise en charge. Quant à nous, nous ne mangeons presque plus et nous ne dormons que quelques heures. Nos corps se raidissent peu à peu par toutes ces tensions. Nos articulations appellent à l'aide. Pour ma part, je me sens partir à mon tour, je suis récupéré dans un couloir errant, le visage blanc et proche de l'évanouissement. Les infirmières m'attrapent et me proposent une cabine couchette. En plaisantant, je les préviens que je ne paierai au monsieur en costume cravate ni le sucre, ni la boisson ramenée par l'une d'entre elle. Nous rions avec plaisir et je retrouve un peu de couleurs.

Malheureusement, nous allons devoir déplacer notre date de retour à plusieurs reprises car Léonie n'arrive pas à se rétablir cette fois-ci. Nous tentons quelques sorties express dans la ville. Mais après une heure Léonie souffre et nous impose un retour à notre logement en urgence relative. Nous commençons à devenir fous, enfermés dans ce logis. Nous passons des heures à espérer que les douleurs s'estompent. Nous ne voyons plus personne. Les gémissements de Léonie et notre incapacité à pouvoir agir en sa faveur nous frustrent et nous désolent. Pourtant nous continuons à motiver notre fille. Chaque mot à son importance. Je m'improvise en véritable coach moral et physique pour ma fille. Je pousse et je pousse encore en continuant de ne pas croire que Léonie est en train de mourir. Cette idée me terrorise et je mets toute mon énergie, chaque minute, à l'aider à écrire, à dessiner, à lire… Je ne veux rien lâcher. Avec Cathy nous allons mettre un programme de remise en forme pour Léonie et pour nous. Chaque jour, nous nous imposons une petite sortie au parc qui juxtapose notre maison. Nous marchons, nous respirons à plein poumon, nous pratiquons les agrès mis à la disposition du public le long des allées. Léonie se prête au jeu et nous devenons officiellement ses entraîneurs. Nous avons découvert une piscine ou le personnel nous reçoit avec un grand cœur en nous offrant la gratuité et en privatisant le bassin pour Léonie. Elle aura beaucoup de plaisir dans l'eau car c'est encore un milieu qui lui donne une sensation de maintien de son équilibre et où les chutes sont quasi impossibles.

Nous basculons dans le mois d'avril 2018. Nous allons enfin pouvoir prendre un avion pour retourner dans notre maison. Léonie compte les jours puis les heures. Nous sommes nerveusement épuisés et nous ne savons plus à quels saints nous vouer ! Nous nous apprêtons à faire un voyage de 24 heures.

La pause

L a pluie est au rendez-vous à notre arrivée sur le sol français. Cette fois-ci nous décidons de rester au calme. Pas de fête de retour. L'état de Léonie est beaucoup moins bon et nous voulons rester en famille. Agathe fait son retour dans la cellule familiale et, pour la première fois depuis longtemps, nous nous retrouvons dans notre cuisine pour un repas ensemble.

Nous disposons de dix-huit jours pour nous reposer avant de nous décider pour un retour au Mexique. Je me rends compte que plus rien n'est comme avant. La légèreté d'une vie de famille est plombée par la maladie et ni les repas partagés, ni les temps de vie ensemble ne nous autorisent à penser que nous avons gagné contre ce DIPG. Nos vies se transforment et nous apprenons à vivre jour après jour. Chaque matin, nous regardons Léonie pour nous assurer que la nuit ne l'a pas privé brutalement d'une fonction cognitive ou motrice.

La situation ne nous autorise même plus à nous reposer. Nos nuits sont de plus en plus courtes. Ma tension et mon poids continuent de chuter et je dois absolument trouver le moyen d'accéder à une remise en forme, faute de quoi je vais flancher à mon tour. Ma réaction me laisse penser que je suis le rythme de Léonie. Je ne suis pas franchement convaincu par les forces quantiques ou autres phénomènes métaphysiques. Mais je dois avouer que cette façon avec laquelle je traverse la maladie de ma fille me surprend. J'ai juste l'impression que je vis un effet miroir. Ce que vit Léonie, je le vis sans la tumeur en calquant sa douleur et en ne me privant pas de souffrir pour et avec elle. Une impression que la vie m'arrache un cordon ombilical imaginaire. Force de l'amour ou impuissance face au mal, je ne sais pas.

Même si la situation est plus agréable dans notre maison en France, nous devons quand même être présents aux côtés de Léonie. Sa marche durant ce mois d'avril est de plus en plus instable et le risque d'une chute est élevé. Un soir, alors que tout le monde regarde la télévision, Léonie se retrouve devant le canapé et, en assurant une volteface, elle perd l'équilibre sur le tapis. Son corps trop faible ne peut plus répondre et ses mains n'assurent pas sa chute. Sa tête tombe lourdement sur la première marche de notre descente en béton. La réaction est immédiate, gonflement et saignement. Léonie est terrorisée par ce qui vient de se passer. La peur l'envahit. Je constate que la maladie et la dégénérescence cérébrale la privent de beaucoup de choses. Peu à peu, elle va ressentir la peur et l'angoisse de façon beaucoup plus incontrôlée et amplifiée. Un bruit, un cri ou une surprise vont la pousser dans ses retranchements comme nous pourrions le constater avec un nouveau-né. Son cœur bat de plus en plus vite. Nous sommes dorénavant sur une fréquence de 130 à 150 pulsations par minute au repos.

Mais Léonie ne lâche pas. En fin de journée, elle s'équipe d'un survêtement et monte sur notre vélo d'appartement. Elle est fière à la fin de son épreuve de venir me relater les chiffres de sa performance quotidienne. En général, elle frôle les 6 kilomètres en 10 minutes. Je comprends alors qu'elle sait ce qu'elle risque et surtout qu'elle admet que son corps n'est plus le même et que sa vie est en jeu. Je suis terriblement triste à cette idée. Je suis proche d'avoir usé tous mes jokers de papa avec mes recherches, l'association, mes contacts, notre essai à l'étranger... Je suis démuni et je vois Léonie jour après jour perdre un petit peu de ses facultés. Je la connais par cœur et je sais dorénavant anticiper les moindres bobos ! J'essaie de lui proposer la trompette mais son souffle ne lui permet plus. Léonie ne soufflera plus jamais dans son instrument après le diagnostic. C'est notre vie qui s'écroule et dix ans de partage qui deviennent aujourd'hui quasiment impossibles. Nous nous transformons peu à peu en infirmiers.

Je me dis que cette histoire est un peu celle du Titanic ou les plus aisés sur le pont ont pu bénéficier d'un bateau de secours tandis que les plus démunis étaient dans les cales sans espoir de sortir avant le naufrage. Cette image est certes réductrice mais elle permet aussi de comprendre que parfois la vie ne vous offre plus de solutions et que votre seul destin dépend de celui des autres ! Avec le DIPG, presque tous les enfants meurent et notre système que je ne saurais qualifier à ce sujet n'autorise pas à investir à la hauteur d'une recherche coûteuse et laborieuse. Je ne suis que le papa, salarié dans une entreprise, sans la connaissance nécessaire pour comprendre ces maladies et sans l'argent pour payer des gens qui la comprennent. Mais je ne suis pas assez bête pour me dire que si depuis 20 ou 30 ans nos sociétés avaient mis toutes leurs forces dans la bataille, nos enfants auraient certainement franchi le cap de Bonne-Espérance sur ce Titanic.

Tout cela occupe ma pensée quand Léonie est hors de portée. Car nous continuons à foncer droit devant. Il est hors de question de lui faire part de mes états d'âmes. Bien au contraire, mes mots et ceux de Cathy sont de plus en plus persuasifs et combatifs. Nous lui demandons de tenir bon ! On ne sait jamais ce que la nature décidera pour nous.

Nous avons eu 1 probabilité sur 400 de connaître le cancer avec notre enfant. Nous avons 99,9 % de risques de ne pas sauver Léonie. Pourquoi après avoir connu de telles statistiques nous ne nous offririons pas le luxe de penser qu'avoir 0,1% de chance de la sauver serait impossible. Ce qui s'applique dans un sens peut aussi s'avérer dans l'autre. L'espoir nous anime donc de plus en plus devant le vide thérapeutique existant face à cette maladie. Et pour être complétement honnête, il ne nous reste plus que cette foi envers la chance pour s'accrocher et pour ne pas tous nous jeter d'un pont !

Le mois d'avril est bientôt fini. Nous décidons de retourner au Mexique. Allons-nous cette fois-ci rencontrer la réussite que des enfants en cours de traitements connaissent dans ce pays ? Nous ne le savons pas. Toutefois, notre choix s'appuie sur la constatation que Léonie, en cette fin de mois, a retrouvé un peu de ses facultés. Et si cette chimiothérapie malgré l'aspect paralysant au quotidien provoqué par de violents maux de tête pouvait apporter un petit plus à notre fille ?

Monterrey II

Nous sommes à Lyon durant ce 1er mai. Une balade sur les bords du Rhône me démontre que Léonie peut marcher avec nous trois heures d'un pas soutenu. Chaque petite amélioration nous redonne du courage et nous pousse à croire au miracle.

En revenant à notre domicile, nous devons préparer les bagages et partir en Amérique. Le stress de notre premier départ début mars s'efface un peu. Nous connaissons le logement et les hôpitaux. L'inconnu n'est plus au rendez-vous et nous pouvons aussi parer les manquements du premier séjour.

Nous prenons la direction de l'aéroport. Le beau temps nous accompagne. Cependant quelque chose m'inquiète. J'appréhende énormément le fait que nous puissions être bloqués avec Léonie au Mexique si son état de santé ne permettait plus de revenir en France. Ce paramètre n'est pas à négliger car un rapatriement sanitaire coûte très cher. Et compte tenu que nous sommes partis de notre plein gré, en connaissant le degré de handicap de Léonie, je doute que les assurances ou l'Etat prêtent une grande attention à notre cas.

Mais cela ne nous empêche pas de quitter le sol français. Nous trouvons le voyage beaucoup moins pénible au cours de ce deuxième round. Nous retrouvons notre logement que nous avions déjà réservé en accord avec la propriétaire avant de quitter le pays en mars ainsi que les fortes chaleurs du printemps.

Très vite Léonie reçoit son troisième traitement. En l'absence de complications, nous pouvons rentrer à la maison pour nous reposer.

À notre plus grande satisfaction, elle ne souffre plus post traitement. Nous devons attendre environ trois semaines avant le prochain IRM afin de savoir si l'action de la chimiothérapie a enfin pu réduire la tumeur. Si la douleur est moindre, les symptômes de la maladie n'en sont pas moins présents. La diction, la marche, l'équilibre et la déglutition progressent dans le processus de déclin et malheureusement nous nous ne pouvons rien faire.

Un groupe de conversation en anglais est ouvert sur nos téléphones, permettant aux parents inscrits de se parler à toutes les heures de la journée ou de la nuit. Nous apprenons qu'un chercheur et son équipe travaillent sur le DIPG et que certains enfants suivis connaissent des améliorations intéressantes. Nous demandons à le rencontrer. Un homme au type indien d'Amérique du nord, grand et à l'accent anglais très prononcé, se rend à notre domicile. Il nous explique son travail et nous lui passons commande de quelques produits afin de faire un essai. Je n'y crois pas beaucoup et mes espoirs vont vite s'estomper quand je vais apprendre que des réactions incontrôlées font leurs apparitions chez des enfants. Beaucoup de parents sont en électrons libres. Le danger nous menace tous de tenter un peu tout et n'importe quoi devant ces drames de la vie. Ces médicaments resteront dans leurs emballages en ce qui nous concerne.

Durant ce temps, nous retrouvons un peu de liberté. Nous nous offrons quelques balades courtes dans la ville. Nous nous rendons aussi à la piscine mais Léonie souffre de plus en plus d'une difficulté respiratoire et musculaire. Elle fut une très bonne nageuse mais la maladie la prive de garder son air sous l'eau et surtout d'avoir la force musculaire de maintenir la bouche étanche. Comme il est difficile de voir son enfant péricliter de cette manière. En tant que papa, j'ai passé depuis le diagnostic chaque jour avec ma fille.

Cette complicité entre elle et moi restera le plus beau cadeau qu'elle ait pu me faire. On s'aime et je sens cette force en elle qui me cherche pour continuer à espérer à vivre. Nous sommes si proches.

La chaleur est de plus en plus forte à Monterrey. Et cela n'arrange pas nos affaires car Léonie en souffre, ce qui nous empêche peu à peu de sortir durant la journée. Nous retrouvons notre square et nos balades derrière la maison tôt le matin ou tard le soir. Nous jouons aux cartes et regardons des films ensemble. Durant ce mois de mai, nos propriétaires, devenus peu à peu des copains, nous invitent à manger un soir dans un village nommé San Antonio. Nous y découvrons le Mexique façon carte postale avec ses façades basses et ses murs colorés. Cette ville et ce pays deviennent peu à peu familiers. On apprend ce que le mot *hospitalité* signifie ici. Les habitants ne se privent pas de bonjours, de sourires, ou de petites histoires lors d'une rencontre. Pourtant, on le sait, le pays est gangrené par la violence, la corruption et les trafics en tout genre. Je ne sais pas comment exprimer cette sensation d'un pays séduisant et inquiétant à la fois. La raison qui nous pousse à être présents sur ce continent en est certainement la cause. Nous ne sommes pas en vacances et rien ne nous autorise à prendre les choses avec plaisir et désintérêt.

Avant la quatrième injection, nous décidons de réaliser une étude plus poussée en pratiquant un Pet Scan. Il est le petit cousin d'une IRM avec une imagerie beaucoup plus fine permettant une étude précise de l'état des tissus par coloration. Nous l'avions demandé l'année précédente en France mais cet examen nous avait été refusé pour le motif de son inutilité. Comprendre comment évolue la maladie incurable de notre fille n'autorise pas les services de l'Etat à ouvrir toutes les vannes des dépenses en termes de santé. Pour un grand nombre de médecins, Léonie va mourir et il est inutile de se lancer dans d'importantes recherches et à grand frais ! Pourtant nous découvrons une nouvelle information non décelée à l'IRM. Le thalamus de Léonie est touché. La tumeur a quitté son nid semble-t-il et se propage dorénavant peu à peu dans les tissus voisins du cerveau. Cette nouvelle n'est pas la meilleure entendue jusqu'à maintenant. Simplement nous manquons d'éléments et de données pour savoir si cela est le cas depuis le diagnostic ou si cela s'est répandu depuis quelques semaines. Le Pet scan mesure aussi l'activité de la tumeur et les chiffres sont modérés.

Avec la fatigue et les mois qui passent sans véritable succès, la colère s'installe. Car même si nous devons éviter l'écueil d'un jugement hâtif à l'encontre de nos savants, on ne peut s'empêcher de penser que tout n'a pas été fait pour stopper ce DIPG et ces cancers incurables. On pourra présenter comme on veut les raisons qui font que depuis vingt ans nous ne progressons plus en cancer pédiatriques, je reste aujourd'hui convaincu que notre monde a oublié et sacrifié nos enfants sur l'autel de la sacro-sainte rentabilité. Tout ce que nous avons entrepris avec Léonie, nous l'avons fait avec le cœur. C'est notre seule arme contre la maladie mais s'il accompagne, il ne soigne pas. Et si plus de chercheurs, d'investisseurs, de décideurs avaient fait le voyage sur le chemin de notre vie, en vibrant sur la corde de notre peine, sur la note de notre amour, ou encore sous la pluie de notre malheur, nous aurions certainement connu et rencontrer le miracle d'une thérapie au cours de ces soixante dernières années. Quand un médecin vous dit qu'il ne peut se mettre à votre place devant ce que nous ressentons, alors il ne peut être investi par les flammes d'une recherche qui le pousseront à ne plus vivre jusqu'à trouver une solution comme les parents tentent de le faire avec leur propre enfant, sans les connaissances. Notre oncologue est parti trois semaines en vacances sans nous prévenir alors que nous connaissions la maladie de Léonie depuis 15 jours et que nous l'avions rencontré la semaine précédente. Il est impensable qu'il ne puisse pas se reposer. Mais en tant que détenteur du savoir médical, il lui incombe d'assurer le lien entre lui et son remplaçant auprès de la famille. Pensez-vous que si son fils ou sa fille était à la place de Léonie, il aurait quitté l'hôpital en toute discrétion ? Il nous laisse ainsi en plein désarroi avec d'autres docteurs de substitution. Ils définissent cela comme un travail d'équipe pour nous laisser penser que nous restons en permanence entre de bonnes mains.

Plus sereinement, j'écris que de nombreuses découvertes au cours des décennies ont été faites avec l'aide de chercheurs qui furent profondément touchés par la maladie d'un proche. Ces drames les ont meurtris si fort qu'ils ont muté leur malheur en révolte, les propulsant sans faille à des résultats. Et si les fonds alloués sont un paramètre essentiel d'une recherche moderne, il faut remettre de l'humain au cœur de ce processus. Nous avons croisé trop de docteurs qui partent au travail chaque matin sans conviction d'une nouvelle journée. Nous avons rencontré des spécialistes dont aucun n'a pris le temps d'envoyer un message de soutien à la famille. Seul le service pédiatrique de notre ville aura su le faire. Et pour cela, il n'y pas besoin de millions de dollars, juste une petite dose d'humanité ! Cette absence d'empathie face à ces drames illustre à quel point notre système de santé peut et doit être repensé sans hésiter à se remettre en cause. Il faut cesser de penser que le palliatif est juste un service après-vente de seconde zone généreusement offert par une collectivité, qui répond à une logique de la vie et de la mort de notre espèce. Il y a des enfants qui souffrent et décèdent ainsi que des parents et des fratries qui restent et qui ont besoin d'être soutenus. Ma colère n'ira pas plus loin et pour employer aussi ce terme à la mode, j'ajoute qu'elle serait contre-productive !

Quatrième traitement. Au centre hospitalier, nous retrouvons une petite fille australienne que nous avions rencontré durant une petite garden party entre familles lors de notre arrivée au Mexique. Les choses virent mal pour cette famille. L'enfant est dans le coma depuis plusieurs jours. Pourtant tous les indicateurs étaient au vert quelques semaines auparavant. La tumeur avait presque disparue et la jeune fille avait même retrouvé la marche. Les docteurs ne l'expliquent pas ou mal. La communauté internationale représentée par toutes les familles est en émoi. Trente mois que cet enfant se bat : elle est devenue un peu la mascotte de ce protocole pour avoir été l'une des premières enfants à rejoindre le Mexique au début de l'année 2017. Encore une fois le DIPG frappe aveuglement brisant parents et enfants.

Cette quatrième piqure se déroule bien. Nous retrouvons Léonie à son réveil et elle peut remonter dans sa chambre très vite. Nous sommes si fiers d'elle. Je ne l'ai jamais entendue se plaindre ni pleurer de lassitude.

Alors que Léonie finit son repas, elle nous fait des révélations. Les larmes lui montent aux yeux et elle nous avoue vivre les plus beaux moments de sa vie grâce à sa maladie. Surpris par de tels propos dans un premier temps, je regarde sa mère sans comprendre le sens du message. Elle ajoute qu'elle n'aurait jamais connu une telle complicité entre elle et nous sans cette fichue maladie. Comment voulez-vous résister à ce message du cœur venant de votre enfant prête à mourir ? Nos corps se déchirent à l'écoute de son ressenti. Léonie est notre fille et comme pour Agathe nous avons toujours essayé de les préparer le mieux que possible à la vie d'adulte. Savoir votre enfant en danger de mort rompt brutalement tout processus de progression. On dit que le cancer est dévastateur mais il est selon moi bien plus que cela. Lorsqu'il emporte le rire des enfants, de vos enfants, il vous brise et casse cette dynamique et cette confiance que vous portiez à la vie et au genre humain. En d'autres termes ce que vous vivez à cet instant marque une frontière dorénavant indélébile entre l'avant et l'après. Il est impossible de reculer en espérant vivre et retrouver cette légèreté d'antan. Votre vie est plombée à cause de la maladie et s'obscurcit à l'idée de cette mort qui rode.

Un dernier espoir

Nous préparons les valises. Léonie est stable. Certes nous n'avons plus nos histoires du soir ou nos petites anecdotes du jour. Léonie regardait toujours ce qui l'entourait et elle avait horreur d'être perdue par un sujet mal maîtrisé. Alors elle nous questionnait toute la journée. Elle avouera au psychologue que sa plus grande détresse réside dans l'idée de ne plus pouvoir parler un jour.

Nous devons maintenant la tenir en permanence car sa marche n'est plus autonome. Nous arrivons devant l'accueil de l'enregistrement de nos bagages. Léonie s'appuie sur le bord du comptoir et puis s'écroule par terre. Ses jambes ne la portent plus. Nous attendons une personne pour l'assister avec un fauteuil roulant. Les choses évoluent vite. Nous ne voyons plus les légères pertes de motricité quotidiennes de notre enfant, un pas plus lent, un bras qui se lève moins haut, un souffle plus court. Léonie ne dit rien et commence des journées en portant son regard sur un point fixe. Son sourire tordu par la maladie nous permet encore de communier.

Notre voyage retour est fatiguant car nous sommes aussi impatients de rentrer. Tout se passe bien jusqu'à l'arrivée à l'aéroport de Paris. Nous avons une heure de retard à la suite d'un décollage tardif à Mexico. Malheureusement cet imprévu réduit notre temps de correspondance et nous autorise une demi-heure maximum pour transiter d'un avion à l'autre. Léonie ne peut plus marcher correctement et sa respiration est trop juste pour soutenir un pas rapide. Les hôtesses à la sortie de l'avion nous expliquent qu'il n'y pas le fauteuil réservé car le personnel au sol n'est pas assez nombreux pour assurer toutes les navettes. Nous devons attendre.

Nous lui expliquons que cela nous sera difficile de patienter trop longtemps compte tenu du peu de temps qui nous est imparti. Après dix minutes nous prenons la décision de partir avec Léonie à bout de bras et nos bagages de cabines. Nous allons rencontrer une première dame poussant une chaise vide. Nous l'interpellons et nous lui expliquons notre situation. Malheureusement sans succès. Quelques mètres plus loin nous allons rencontrer deux personnes avec deux fauteuils vides ! Je les salue et leur explique le besoin urgent d'un appui logistique en leur pointant du doigt Léonie qui peine à marcher et dont la bouche grande ouverte témoigne d'une fatigue certaine. L'explication apportée par ces deux professionnels de l'aéroport va me mettre en colère. Pour bénéficier d'un fauteuil, il faut le réserver ! Nous l'avions fait mais le service a dysfonctionné dès la sortie de l'avion.

- *On ne fait pas n'importe quoi ici, Monsieur ! me répond l'une des deux jeunes filles.*

L'échange se conclura dans la confusion entremêlée de noms d'oiseaux traversant l'aérogare devant les regards curieux des autres voyageurs. C'est alors que je décide de porter Léonie sans que ni les voyageurs, ni les personnels de l'aéroport ne s'interrogent sur cette grotesque situation. Après une vive tension et quelques douleurs lombaires, nous arrivons les derniers à l'embarquement. Le responsable nous conseille une lettre recommandée à adresser à la compagnie aérienne. Un courrier que nous ne ferons jamais, car cet homme ne savait pas à cet instant que nous nous préparions à d'autres évènements avec notre fille malade. Cet incident de parcours témoigne d'un personnel ayant pour mission de répondre à un service à la solde d'une organisation parfois si stricte que le principe d'accompagnement finit par être complètement négligé ! Au Mexique, un personnel nombreux vous attend et en échange d'un pourboire, non obligatoire, vous disposez d'une personne et d'un fauteuil livré avec le sourire.

Nous arrivons à notre domicile. Nous ne savons pas quel sera le programme des jours à venir. Nous vivons sans grand projet. Il y a un an que Léonie se sait malade, triste anniversaire. Nous décidons de participer encore à des manifestations de l'association. Nous ouvrons la piscine du jardin et nous entamons notre programme de remise en forme abandonné en quittant le Mexique. Je constate que Léonie n'arrive plus seule à monter et à descendre les marches du bassin. Cet exercice d'ailleurs reste un test pour mesurer sa force. Plus les jours passent et plus je vois ses muscles se tétaniser à l'effort. Je décide de lui acheter une bouée et des frites pour qu'elle puisse flotter et se reposer sous les rayons du soleil. Nous passons ainsi de longs moments à nous laisser bercer dans l'eau en nous regardant, nous souriant et en nous frottant nez contre nez. Nous nous reposons en faisant quelques dessins, coloriages et lectures. Léonie ne peut plus tenir un jeu de cartes dans ses mains. Je ne sais plus quoi faire. Les choses semblent aller si vite.

Durant le mois de mai, j'avais pris contact avec une famille polonaise qui suivait son fils atteint d'un DIPG à Monterrey. Nos conversations nous amènent à parler d'une molécule que je connais bien, l'ONC201. Ce médicament est celui prescrit par les docteurs à New-York et qui fait partie de l'essai américain dans lequel Léonie n'a jamais pu entrer. Elle m'explique qu'elle a pu se le procurer dans un laboratoire allemand. En effet, il n'est pas nouveau sur le marché et il est distribué en Europe pour le traitement d'autres pathologies. Une ordonnance doit suffire pour l'obtenir. Mais qui va pouvoir me faire un tel papier ? Je demande aux médecins que je connais mais la rédaction de ce document, à la limite de la légalité, ne trouve pas preneur. Aucun ne veut s'engager sur cette piste. Je m'en doutais un peu. Je connais notre système français et les mentalités. Je peux comprendre que demander à un professionnel de transgresser les pratiques courantes de sa profession est délicat. Peu importe, je veux essayer ce médicament. Les derniers rapports internationaux laissent penser que cette molécule est encourageante et, face au déclin de Léonie, c'est un peu mon dernier joker. Le traitement au Mexique peut aussi être envisagé mais l'argent restant dans les caisses de l'association ne nous permet plus de sécuriser notre voyage. Il est possible d'envisager un séjour supplémentaire mais il serait difficile de financer un incident de parcours notamment avec un passage aux urgences. Un séjour comprenant deux injections engage la somme de trente mille euros environ. Notre association a fait tellement déjà avec la contribution de généreux donateurs. Alors nous allons miser sur l'ONC201. Je vais dès le 20 juin recevoir le médicament pour trois mois de traitement après avoir trouvé un chirurgien polonais qui me fournira une ordonnance.

Les vacances approchent et Agathe va bientôt terminer son année scolaire. Cette année, elle s'est blessée au genou et elle n'a donc pas pu suivre le cursus danse dans sa globalité. Mais sa motivation ne faiblit pas et elle parvient à conclure son année au collège avec brio recevant ainsi les félicitations du corps enseignant. Enfin une bonne nouvelle !

Je me souviens

Nous sommes réunis tous les quatre à la maison. Je prends le temps de chercher des distractions pour Agathe. Il est certain que cette maladie et le temps passé avec Léonie est aussi difficile pour elle. Par moment, je me demande si elle ne pensait pas que nous l'avons abandonné. Alors cet été, nous lui offrons une colonie à Morillon dans les Alpes. Une occasion pour elle de faire des rencontres et de ne pas oublier de vivre sa jeunesse en partie volée par la maladie de sa sœur. Nous avons conscience que nous ne sommes pas assez disponibles pour elle. Préserver l'équilibre de la famille dans de pareils évènements relève parfois de l'acrobatie.

Il faut faire face à la fatigue et à la gestion de crises. Pour cela Léonie nous aide avec une réaction étonnante. Quand elle sent que les choses chavirent entre sa mère et moi, elle réagit immédiatement et nous met face à nos responsabilités. Sa méthode est très simple mais efficace. Elle ne veut pas de dispute et appelle à la solidarité. Sa technique consiste donc à nous interpeller et à nous inciter à nous regarder Cathy et moi dans les yeux en nous serrant dans les bras. Puis elle nous rejoint pour former une étoile, seule condition pour que nous puissions de nouveau échanger avec sérénité. Léonie a compris que sa maladie peut faire chuter tout le monde. Elle fait donc énormément d'efforts pour garder la cohésion du groupe.

Le festival d'Avignon ouvre ses portes. Chaque année, c'est l'occasion pour nous de partir laissant ainsi derrière nous des milliers de touristes envahir la ville pour découvrir les théâtres et spectacles en tous genres. Cette année, le monde vibre pour le ballon rond. Depuis mi-juin, la planète football résonne presque partout. L'équipe de France démarre son parcours avec panache et ne tarde pas à atteindre le carré final durant ce mois de juillet.

Nous décidons de partir quelques jours près de Montpellier. Ce choix est stratégique car il offre une proximité avec les hôpitaux que nous connaissons bien et nous pensons ainsi que, si Léonie présente une quelconque difficulté, nous pourrons l'y emmener rapidement. Le séjour débute avec la plage et des promenades. En fin d'après-midi, nous regardons le match de football du jour puis nous sortons nous promener. Juxtaposée à un étang, la maison offre un joli point de vue si nous nous donnons la peine de marcher un peu. Nous nous baladons en découvrant les chevaux, les flamants, et toutes les espèces volantes de cette étendue de mer fermée. Je vois Léonie de plus en plus triste et répondant de moins en moins à nos questions. Elle ne participe plus beaucoup aux conversations et sa fougue légendaire a disparu, recouverte par les symptômes d'une maladie mettant en relief une marche hésitante, une gorge nouée, une main tremblante et maladroite.

L'équipe de France est encore en compétition. Nous décidons avec Léonie et Agathe de regarder cette demi-finale en portant chacun un maillot bleu, blanc ou rouge. Quatre-vingt-dix minutes plus tard, la France atteint la dernière marche de la compétition. Notre pays retrouve le temps d'un match gagné une unité nationale et les citoyens courent à travers les rues pour manifester leur joie de représenter les couleurs tricolores. Pour ma part, je suis assez détaché de cette euphorie. La comparaison est impossible avec 1998 ou 2006. Plus jeune, j'avais suivi avec fougue ces deux finales de nos bleus. Je n'arrive plus à trouver cette joie au fond de moi. Je consacre ma vie à Léonie et j'ai juste le sentiment que la maladie emporte avec elle tout ce que j'aime. L'actualité, le sport, la musique n'ont plus réellement de sens pour moi. Mon corps se robotise et ne répond plus qu'aux sollicitations de ma fille au réveil, aux repas ou lors de ses rares activités du jour.

Le lendemain, nous nous rendons dans le restaurant qui nous avait accueillis avec générosité l'année dernière. Nous retrouvons Mamie Coco. Encore une fois, elle est là pour nous offrir un joli moment de détente sur son bord de plage aménagé. Léonie est contente et sirote sa boisson fraîche. Cette fois, elle ne va pas dans l'eau. L'exercice est devenu trop difficile.

Quelques jours plus tard, la veille de cette grande finale de football attendue par tout un pays, nous prenons la direction de Sète pour découvrir le fameux restaurant où nous avions trouvé porte close l'année précédente. Cette fois-ci, nous pouvons nous installer en extérieur pour goûter un ensemble de poissons et crustacés pêchés du matin. Ce restaurant se situe à quelques encablures du port et jouit d'une très bonne réputation. Agathe et Cathy décident de retourner à la voiture trouvant la bise marine un peu fraîche durant cette soirée. Nous sommes en tête-à-tête avec Léonie. Je lui demande si ces quelques couteaux qu'elle déguste sont bons. Soudain je vois ses yeux fixer le vide et son corps se figer. Elle ne répond plus. Je suis inquiet. Je réitère mes appels. Subitement, elle tourne la tête pour me regarder. Je vois alors des yeux vides et un visage blanc. Elle me dit qu'elle ne se sent pas très bien et que quelque chose s'est produit dans sa tête.

Sa maman et sa sœur sont de retour. Nous décidons sans hésiter de payer ce début d'addition et de quitter le restaurant. Au pas de course, avec Léonie dans son fauteuil roulant, nous retournons jusqu'à la voiture pour nous rendre à notre location. Elle se met à trembler et c'est tout son corps qui se remplit de frissons. Arrivée à notre location, nous l'allongeons dans la chambre. Léonie divague et ne trouve plus la force de parler. Son corps ne cesse plus de trembler comme si une forte fièvre l'avait brutalement submergé. Devant ce constat d'impuissance, nous appelons le SAMU.

Commence alors une discussion et un rapport de force entre le médecin urgentiste et Cathy. Il souhaite nous envoyer vers un hôpital qui selon nous n'est pas le meilleur. Nous connaissons la maladie de Léonie et nous savons qu'un autre centre à Montpellier saura la prendre en charge de manière plus adaptée. L'urgentiste se fâche et nous demande de respecter son travail. Nous tentons une seconde fois de lui expliquer qu'il s'agit d'un mauvais aiguillage. Durant ce temps, le corps de Léonie est complètement tétanisé, ce qui n'est pas sans rappeler une crise épileptique. Contre vents et marées, le médecin de garde est persuadé qu'il faut étudier la piste d'une infection. Nous lui maintenons qu'il s'agit d'un problème cérébral.

Le camion des pompiers arrive dans la cour et une nouvelle fois Léonie est transportée en urgence. Ils ont ordre de suivre l'avis du SAMU et, de peur de la transporter par nos propres moyens, nous abdiquons en suivant l'avis du chef. À chaque appel, chaque transport nous prenons un coup qui nous assomme et nous serre le cœur. Nous sommes éreintés de cette cavalcade pour tenter de sauver notre fille. Mais nous nous accrochons à cette promesse faite durant l'été 2017, lorsque nous avions promis à Léonie de ne rien lâcher pour l'aider.

Arrivés à l'hôpital, une prise de sang sera réalisée pour finalement conclure qu'il n'y a aucune infection et qu'il faut déplacer Léonie à l'hôpital que nous avions réclamé depuis le début. Nous patienterons de 22 heures à 4 heures du matin qu'une ambulance puisse faire la navette. Entre-temps Léonie a vécu plusieurs crises. La frustration est totale car, encore une fois, le corps médical n'a pas voulu nous écouter alors que nous suivons notre fille chaque jour, depuis treize mois maintenant. Nous aurons cependant des excuses de la part du personnel soignant le lendemain, au terme d'une conversation animée sur la prise en charge de notre enfant devant autant de laxisme. Cet incident les incitera à mettre en place une fiche de renseignements que les urgentistes auront à leur disposition lors de nos éventuels appels.

Le lendemain, nous découvrons notre princesse en meilleure forme. Le cachet anti épileptique donné par les médecins la fait cependant beaucoup dormir. Pourtant, elle ne tarde pas à nous expliquer qu'elle ne se souvient plus du restaurant. Nous pensons que cet accident cérébral a effacé ses souvenirs de la nuit et que le temps nous aidera à remettre les choses en place. Malheureusement, nous constatons rapidement que Léonie vient d'avoir un traumatisme qui endommagera son cerveau définitivement. Les dégâts sont importants. Léonie n'arrive plus à enregistrer et à se souvenir. Sa mémoire immédiate ne fonctionne plus, elle n'imprime plus. Par exemple son oncle lui rend visite mais, deux minutes après son départ, elle ne se souvient plus de l'avoir vu. Le plus difficile pour nous est de lui expliquer et surtout de garder la force de lui répéter toujours la même chose. J'ai compté qu'en une journée Léonie peut poser quarante fois la même question. Ce n'est que le début d'un long tunnel dans lequel elle va s'enfermer et ne plus jamais ressortir.

C'est ainsi qu'au retour à la maison, nous mettons en place des ardoises. Nous retrouvons les messages suivants.

- *Nous sommes mercredi aujourd'hui*
- *Agathe est en colonie à Morillon*
- *Tu as mangé à 12h.*

Nous ne saurons jamais si cette perte de mémoire est due à un effet secondaire de la radiothérapie, de la chimiothérapie ou de la tumeur simplement. Le neuro chirurgien a demandé un électroencéphalogramme dès notre arrivée pour comprendre. Nous ne l'aurons jamais, faute de place ! Encore une fois aucune étude ne sera demandée. De nombreuses questions restent en suspens dans mon esprit. Je m'interroge et me demande pourquoi aucun médecin n'a pris le temps, en quinze mois, d'étudier les symptômes de Léonie. Je comprends qu'il n'existe pas de médicament mais je me faisais une image de la médecine différente. Trouverons-nous une solution en se limitant à injecter la mutation à une souris dans un laboratoire ? Chaque enfant a un parcours singulier. Pourquoi notre petite Australienne a-t-elle fait un coma ? Pourquoi Léonie a perdu la mémoire ? Pourquoi des enfants développent un DIPG à 3 ans et d'autres à 10 ans ? Pourquoi en région Provence-Alpes, les cancers du cerveau sont-ils fortement représentés ? Ces types de recherche mèneront peut-être à un point convergent pour des dizaines d'enfants présentant les mêmes symptômes. Je ne suis pas un savant pour dire qu'ils font mal ou bien et que je pense détenir le chemin de la vérité mais je suis convaincu que les moyens humains et financiers ainsi que les méthodes qui alimentent cette recherche sont insuffisants pour élargir le spectre des recherches et ainsi multiplier les chances de découvrir un traitement rapidement.

Cet accident va définitivement marquer un tournant dans notre histoire. Une équipe de soins palliatifs met en place un lit médicalisé à notre retour au domicile. Différents appareils de contrôles et de soutien sont aussi mis à notre disposition : bouteille à oxygène, aspirateur de mucosités, lecteur cardio sont nos nouveaux outils pour surveiller l'état général de Léonie.

Nous installons un second lit pour rester à ses côtés durant la nuit. J'essaie de la stimuler en lui proposant des activités simples. Mais je prends conscience que les choses se dégradent très vite. Je lui fabrique une réglette en bois lui permettant de regarder ses cartes de Uno sans avoir à les tenir. Mais nous ne finirons jamais la partie. Je me souviens quelques mois plus tôt, dans cette même chambre qu'elle courait autour du lit avec moi avec, pour douce musique, ses rires et ses chants appris à l'école. Mais en dehors de sa capacité physique à solliciter ses muscles, c'est toute son attention qui est affaiblit. Léonie ne peut plus se concentrer. Très vite son regard marqué par un strabisme s'échappe et ses yeux s'immobilisent dans le vide.

Je fabrique une rampe en bois pouvant recevoir son fauteuil afin de lui permettre de franchir nos trois petites marches qui habillent notre entrée. Nous déplaçons les meubles pour faciliter ses déplacements compliqués avec un fauteuil roulant. Peu à peu nos dos se brisent de la soulever toute une journée.

Ce mois de juillet a été marqué par mon anniversaire. Je remercie la nature d'avoir pu me laisser le fêter avec mes deux filles.

Une dernière fois

Ce mois d'août 2018 est le pire des mois que nous traversons en compagnie de Léonie malade. Car chaque jour qui passe lui fait perdre de son autonomie. Elle ne peut plus aller à la selle et peu à peu elle n'arrive plus à s'alimenter. Sa mastication est si longue que nous passons une heure et demie à tenter de glisser une cuillère de liquide dans sa bouche. Léonie ne parle plus, chaque son n'est plus qu'un souffle. Elle reste allongée toute la journée et si nous arrivons encore à l'installer sur le canapé, les activités sont réduites à néant. Ses jambes se raidissent comme des poteaux à ne plus pouvoir se plier. Elle attend son heure les yeux dans le vide. Son corps se prépare, je le sens, et je ne peux plus rien faire. Nous décidons d'arrêter tous les traitements.

Deux chevaux vont lui rendre visite jusque dans notre jardin et pas n'importe lesquels. Quelques semaines avant de partir au Mexique elle avait caressé la jument, portant encore son petit. La propriétaire avait demandé à Léonie de lui choisir son nom de baptême. C'est au terme d'un brainstorming intense qu'elle choisira le prénom d'*Hildalgo*. C'est le nom de la rue de notre première location. Léonie aime les animaux comme beaucoup d'enfants. Elle aurait aimé un chat ou un chien durant sa maladie. Les animaux ne sont pas des peluches et nous aurions certainement rendu cet animal malheureux en raison de nos absences répétées et de nos voyages.

Sa dernière sortie est à Avignon sur les berges du Rhône à contempler le pont où il fait bon danser et qu'elle ne reconnaît même plus. Nous sommes anéantis. Nous savons que nous n'avons plus rien à faire. Nous le refusons mais la réalité nous frappe en plein visage. Je garde l'image de cette enfant que je prends à sa naissance dans mes bras dix ans plus tôt en pleurant de joie et en m'imaginant vieillir à ses côtés. Je disais toujours à mes enfants en plaisantant

- *Je vous sers à manger maintenant mais pensez que plus tard il vous faudra pousser ma chaise.*

Je ne me voyais pas le faire un jour pour ma propre fille. Les choses sont inversées, contre nature, brisant les codes et le sens que vous portez à la vie. Cette vie est belle quand elle vous offre quiétude et bonheur. Mais tant de larmes, tant de douleur auront jalonné ces quinze mois de maladie. La vie m'a fait le pire des cadeaux en m'obligeant à accompagner ma fille jusqu'à sa dernière demeure.

Ses yeux se ferment une grande partie de la journée. Le simple fait de tourner Léonie sur le lit s'accompagne d'un grand mouvement de panique et de gémissements insupportables. Elle réagit comme si son nouveau monde était déjà devant ses yeux.

Ce qui devait arriver, arriva. Lors de la manipulation pour une toilette, Léonie a subitement du mal à respirer. Les mucosités accumulées par une immobilisation permanente bloquent les voies respiratoires. Léonie n'a plus la force de tousser pour se dégager. Nous tentons avec l'aide de l'infirmière de nettoyer l'entrée de la bouche, mais en vain. Il faudrait descendre plus profondément. La panique envahit les yeux de Léonie et son corps ne répond plus que par des réflexes entraînant des mouvements de bras répétés à l'infini. Durant cette soirée, les médecins enchaînent alors les visites et constatent une faible oxygénation. Leur avis est unanime, il est urgent de l'emmener à l'hôpital. Une nouvelle fois les pompiers éclairent avec leur gyrophare les murs des maisons voisines. Nous sommes reçus aux urgences avec beaucoup d'attention et de compassion par une équipe de médecins et personnels soignants à l'écoute et surtout à notre portée avec des conseils et des avertissements utiles et judicieux. Nous les remercions pour l'accompagnement dont ils ont fait preuve. Ces médecins assis au chevet de Léonie prennent le temps de parler avec nous et à notre enfant inconscient.

Durant deux jours Léonie est sous surveillance mais nous sentons que les choses ne reviendront pas, ne reviendront plus... Je regarde ma fille respirer avec peine l'obligeant à puiser son air au fond d'un corps épuisé par un estomac qui n'est plus alimenté depuis longtemps maintenant. Notre douleur à la regarder est immense. Nos vies, nos joies et nos bonheurs de toute notre famille se désagrègent en éclatant ce qu'il restait d'espoir de la voir grandir. Agathe est notre ciel bleu, Léonie est notre soleil à tous. Et son absence à marche forcée de ces derniers moments ternit sérieusement le paysage des jours futurs.

Je lui parle de longues minutes sans savoir si elle m'entend ou comprend mes mots. Je lui rappelle que je suis à ses côtés et que je l'aime. Qu'au fond je n'ai pas le droit de me plaindre d'avoir eu ce formidable cadeau de la vie depuis la minute où elle nous a rejoints sur cette terre. Je lui demande une dernière fois d'ouvrir les yeux. Elle ne le fera plus.

Au revoir

L e 15 septembre à 14 heures, Léonie nous a quitté vers le paradis blanc. Je garderai à jamais cette sensation de son dernier souffle, vidant les poumons de son air contre mon cou. Depuis plusieurs jours elle était dans une forme de coma, les yeux fermés, inerte.

Nos corps s'effondrent sur notre jolie petite Léonie. Les infirmières enchaînent les contrôles et le docteur est averti. Autour de son lit, nous voyons son visage blanchir et ses ongles bleuirent seconde après seconde. Le cœur est arrêté. Je lui parlerai de longues minutes comme pour ne pas interrompre cette chaîne qui nous a liés tous ces mois à lutter ensemble.

L'équipe des pompes funèbres ne tarde pas à rentrer dans la chambre. Le corps ne peut pas y rester plus longtemps. Léonie est transportée à la chambre funéraire.

Dès le lendemain nous irons lui rendre visite. Je vais beaucoup m'adresser à elle. Je me souviens lui demander d'ouvrir les yeux, de ne pas nous abandonner en quittant cette terre et en nous laissant avec notre peine. Mais en vain. Léonie est allongée et ne bougera plus jamais. Nous répèterons ses visites et je lui clamerai tout mon amour les jours suivants, jusqu'à son enterrement.

Mon ami de Montpellier gère l'aspect technique de l'enterrement. Je le remercie d'avoir pu le faire avec le soutien d'autres personnes. Dans ces moments-là, les choses sont si éprouvantes que ce relais nous a été d'une grande aide.

22 septembre

Il est six heures du matin. Nous sommes le samedi 22 septembre 2018. Le vent souffle sur la fenêtre de notre chambre. Je me réveille au terme d'une nuit agitée. Cathy pianote déjà sur son portable. Nous nous regardons sans un mot. Je me lève comme je l'ai fait des années durant pour aller au travail. J'avance d'un pas ralenti, sans marque, sans repère tel un animal blessé. Je ne la veux pas cette journée. Je voudrais faire un demi-tour ou me téléporter le 8 juin 2017 et changer le cours de l'histoire, de notre histoire. Mais cela est impossible, alors je me prépare un café lorsque les premiers membres de la famille sonnent à notre porte.

Les visages sont fermés, fatigués par les longs voyages de certains. Personne ne veut vivre cette journée. On se parle, on échange des horaires et on se demande qui va suivre l'autre. Je décide de m'isoler et de boire mon café dehors et seul mais le froid du matin et le vent me font rebrousser chemin. Je relis et corrige quelques phrases de mon texte du jour. Je me prépare à enfiler un costume de circonstance. Nous sommes prêts. En silence, nous prenons nos voitures pour nous rendre à l'hôpital. Encore une fois. Le soleil se lève accompagné d'un épais ciel voilé. Dans la voiture, pas de musique, pas de blague, peu de mots.

Nous arrivons à la chambre funéraire de l'hôpital d'Avignon où repose depuis quelques jours Léonie. Le reste de la famille et les amis sont déjà présents. Nous apprenons que l'horaire d'ouverture annoncé par les pompes funèbres n'est pas correct. Nous attendons quelques minutes supplémentaires sur le parking. Les yeux de certains sont déjà rouges, les larmes coulent lorsqu'il s'agit de se dire bonjour.

Les portes de la chambre s'ouvrent, nous nous engouffrons alors dans le hall. La famille et les amis vont rendre un dernier hommage à notre petite Léonie. Une salle aux lumières artificielles, aux rideaux clos et quelques chaises installées pour aider les plus fatigués à reprendre leur souffle. Le silence règne. Seul le bruit des talons raisonne. Puis la pression est trop forte et les sanglots remplissent l'air de la pièce.

Nous avons demandé un moment de recueillement avec notre fille. Nous la regardons et lui parlons une dernière fois avant la mise en bière. Son corps est couvert de pétales de roses rouges et blanches à notre demande. Quelques petites affaires l'accompagnent à tout jamais avec elle. Drapée de blanc, nous lui disons au revoir. Je la regarde avec insistance et je me dis intérieurement : *Allez Léonie, réveille-toi, ouvre les yeux !* Mais en vain, ce moment ne viendra pas, ne viendra plus.

Il est 9h15. Un convoi de voitures suit ce Mercedes gris. Derrière son hublot arrière, nous voyons les gerbes de fleurs accompagnant le corps de Léonie. Durant des années, j'ai vu Léonie dans mon rétroviseur me sourire ou me faire un pouce levé pour me signifier que tout allait bien sur le chemin de l'école ou des vacances. Aujourd'hui, elle est devant moi, allongée dans une petite boîte blanche et je ne la verrais plus jamais. Le convoi roule au pas et s'allonge ou se resserre au gré des feux rouges lorsque nous traversons la ville. Nous arrivons à Châteauneuf-de-Gadagne, tout près de sa nouvelle demeure. Les vignes et les pins brillent au soleil, comme nos yeux. La colonne de voitures stoppe à l'entrée de la route que nous utiliserons pour notre marche funéraire. Nous descendons de nos véhicules. Puis nous fendons une foule présente pour un dernier hommage.

Léonie aimait tellement les chevaux. Nous avons demandé à ouvrir la marche avec des cavaliers vêtus de beaux costumes accompagnés d'un cheval non monté. Juste derrière, roule la voiture transportant le corps. La foule nous suit.

Léonie aimait la musique. A notre demande, les professeurs du conservatoire avaient organisé un hommage en musique durant ces longs mètres que nous avons parcourus derrière notre fille défunte. Trompette et trombone résonnent dans la plaine de Châteauneuf-de- Gadagne.

Léonie aimait le Mexique. Nous entrons sur le petit parking du cimetière. Les cuivres cessent leurs mélodies. Quelques notes alors traversent le cimetière, Jealous de Labrinth, magnifiquement interprété par un Mexicain vivant en France. Le véhicule Mercedes entre dans l'allée du cimetière et s'arrête. Quatre hommes tirent le cercueil hors de l'habitacle arrière et s'avancent dans l'allée pour atteindre le caveau funéraire. La foule se place en cercle autour de notre fille.

Léonie aimait la vie. Des chansons et textes vont jalonner la cérémonie pour témoigner de sa force. Un ami, une maîtresse et moi-même prenons la parole pour lui dire au revoir. A la lecture de mon hommage, ma voix tremble mais ne lâche pas. Je m'étais répété les jours passés qu'il était impossible de flancher devant Léonie après qu'elle nous ait montré un tel courage face à la maladie. C'est un signe. Elle guidera nos vies.

Les enfants sont invités à se regrouper au centre pour récupérer des ballons blancs, roses et rouges. Quelques minutes plus tard, les têtes se tournent vers le ciel pour cet envol multicolore. Le vent souffle fort et si certains ballons s'échappent dans le ciel, d'autres finiront leur course dans les branches des pins. Puis c'est au tour de cinquante papillons aux couleurs vives de trouver leur envol autour du cercueil de Léonie. Les musiques choisies étaient celles de Mamie Rita qui venait accompagner Léonie à Monterrey les dimanches après-midi. L'émotion ne se quantifie plus dans de pareils moments. On ne reconnaît plus les visages qui vous accompagnent, on ne voit plus alors que la lumière du jour qui vous guide et vous empêche de tomber. Je me ressaisis et tente de consoler Agathe en sanglots. Tous les cœurs présents dans la ronde sont déchirés de tristesse et de douleur.

Nous nous approchons du caveau où Léonie est descendue et repose dorénavant. Une ultime pensée et nous jetons une rose blanche qui accompagnera son âme.

Nous sommes invités alors, les parents et sœurs, à quitter le cimetière. En remontant l'allée je regarde les dates des défunts déjà présents. Je n'arrive pas à trouver d'enfant. Je me dis bêtement que Léonie ne va même pas avoir de copine ou de copains. Dehors la Coco Fanfare de Montpellier est en place. Ce sont eux qui ont marqué le coup d'envoi de notre association en réalisant notre premier projet pour soutenir Léonie. C'est avec eux que nous terminons ce voyage. Nous remontons donc la route accompagnée d'une musique chaloupée jusqu'au parc de l'Arbousier où nous attend son gérant pour un verre de l'amitié.

Les visages se succèdent pour témoigner de leur soutien et de leur tristesse. Collègues de travail, amis, copains, familles garderont tous cette tragédie dans un coin de leur tête. Léonie avait 10 ans. Elle est partie d'un cancer du cerveau. Une maladie agressive et inconnue du public.

Au pays de Léonie.

Nous avons essayé beaucoup de choses pour lui venir en aide mais rien n'a pu empêcher ce drame. Comme des centaines d'enfants à travers le monde souffrant du DIPG et plus généralement d'un cancer, Léonie nous a quittés en nous apprenant tellement de choses sur la vie. Notre fille a fait preuve d'un courage exemplaire. Nous sommes fiers de ce qu'elle a été et de ce qu'elle est encore aujourd'hui. Son âme nous guide dorénavant. Nous allons devoir apprendre à vivre sans elle et pour elle.

Il est inutile de conclure sur les dysfonctionnements de notre système de soins. Ce livre n'apportera pas de solutions magiques et il se veut avant tout un recueil de notre propre histoire. J'ai souhaité garder une trace du passage de Léonie sur notre terre. J'ai voulu exprimer mes ressentis durant ce pénible parcours. Il est important de rappeler que les cancers pédiatriques font des ravages au cœur de notre société dans un relatif silence étouffant parfois les cris de détresse de nos enfants et de leur famille. Il y a tellement de choses encore à mettre en place pour améliorer les prises en charge et les traitements de demain.

Dans quelques années, notre histoire sera recouverte de sable soufflé par le temps. Ce livre sera pour vous et pour nous un moyen de ne pas oublier la souffrance que fait naître les cancers de l'enfant. N'oublions jamais que nous n'avons jamais rien fait, ni provoqué pour mériter cela. Pour notre famille, cette tragédie humaine vient de s'imprimer sur notre peau et nous devrons nous adapter à chaque Noël, rentrée des classes ou anniversaire. Cette histoire est un tatouage que nous regarderons et garderons jusqu'à notre propre mort. Car au fond le plus moche n'est pas une chambre désuète ou un médecin absent mais le fait que notre fille ne soit plus là. J'aurais tout donné pour l'aider à respirer et à vivre sa vie d'adulte.

Perdre son enfant c'est aussi redéfinir ce que peuvent être de belles et simples choses. Cela ne traduit pas une volonté de se contenter en permanence d'un minimum mais juste de prendre le temps. Car ce temps qui nous a été compté durant quinze mois a mis l'accent sur l'importance de savoir s'arrêter pour regarder, écouter et aimer.

Aujourd'hui nous sommes à quelques jours de fêter la nouvelle année 2019 sans Léonie. L'horloge ne s'arrêtera pas de tourner pour nous comme pour les autres. Il faut s'accrocher et veiller à rester en contact avec une vie tant qu'elle peut nous offrir un paysage à regarder, une amie à écouter, ou juste dormir pour aimer se réveiller.

Je suis convaincu que Léonie nous parlera encore dans le futur en nous envoyant des signes que seuls sa mère, sa sœur et moi comprendrons. Et pour lui rendre hommage nous continuons de faire raisonner son nom à travers son association qu'elle a tant aimé et dont elle était si fière. Elle n'a pas vocation à faire trembler les grands de ce monde mais à ajouter un relais entre les familles et la maladie. Ce cancer est une véritable loterie qui touche des enfants innocents qui ne demandent qu'à vieillir pour découvrir les joies et les peines d'une vie d'adulte.

S'il y a une personne dont je voudrais souligner le nom, c'est celui de sa mère. Cathy a su accompagner notre fille avec amour. Je lui suis éternellement reconnaissant pour le soutien et la force dont elle a fait preuve pour me soutenir dans mes choix et surtout pour accompagner minute après minute notre fille, Léonie. Elle a toujours su respecter avec justesse mes avis malgré des moments difficiles qui ne s'y prêtaient pas toujours.

Un avant-dernier mot pour Agathe qui a perdu sa sœur. Une adolescence avec la maladie comme quotidien n'est jamais drôle et je note à quel point elle a su faire preuve d'intelligence face à ce drame. Sa capacité à temporiser, gérer, et s'effacer pour nous permettre de tenter l'impossible force notre respect et amplifie tout l'amour que nous lui portons.

Et enfin je conclurai avec tous les bénévoles et donateurs qui ont tant espéré que Léonie franchisse cette muraille. Ils ont été des milliers à nous supporter et à encourager Léonie. Nous n'oublierons pas et ne perdrons pas tous les messages reçus durant ces quinze longs mois. Son association *Au pays de Léonie* continue en s'accrochant à la rame des petits voyageurs déjà partis. Il est temps de rendre tout ce que nous avons reçu.

Nos vies, notre famille sont cassées et il est presque dérisoire d'user de mots de compassion dans de pareilles circonstances. Dans cette histoire il n'y pas de retour en arrière possible. Ne cherchons pas de coupable mais des raisons pour comprendre et espérer que demain il en soit autrement pour nos enfants. La réalité est qu'aujourd'hui nous devons nous replacer sur un échiquier sans son fou où seul le roi, la reine et sa tour se regardent en se demandant quelle sera la direction la plus judicieuse pour terminer cette partie représentée par nos propres vies.

A jamais dans nos cœurs, ma belle Léonie.

Ta famille.

Ce livre est dédié à Léonie, Catherine et Agathe.

Vole...

Où te caches-tu belle créature aux ailes déployées ?

Les règles sont compliquées et jouer dans le noir est obscur !

Je cherche tes rayons pour illuminer mes yeux ronds. Si cela les prive d'éclat, je mise sur le reflet de ton ombre. Tu me mets à nu et je ne sais plus si je dois avoir froid ou si je tremble de peur de les voir me regarder.

Je suis devenu si petit que je passe sous une porte sans me blesser. A ce petit jeu je te retrouverai facilement, il est inutile de te cacher. Je sais où tu es !

Ce lieu sans air est le tien, cette pause sans repos est la mienne et pourtant ton souffle pose tes feuilles d'automne sur ce banc trempé. Mes larmes sont flaques et mon cœur est flasque. Je regarde vers le haut en fixant mes pieds en attendant un père noël sans hotte. C'est troublant ça ! Alors tu viens jouer ? On mélangera ensemble le noir et le blanc pour étaler de nos doigts les couleurs de la vie. Tu seras cet oiseau chatoyant qui migre mais qui ne revient plus. J'écoute Julie à Göttingen et on me dit que tu aimes. Alors vole, folle créature ! Laisse-moi t'aimer sans souffrir ! Laisse-moi rire sans douleur ! Libère moi de ces chaines qui me privent de ma liberté tant aimée.

Laurent Savary - Parution internet 2018

Nuit d'orage

Le jeu sans un bruit,
Le clapotis sent la pluie,
Elle songe et s'ennuie,
De rêves et cent nuits.

Clap Clap fait par terre,
Boum boum fait divers,
Gronde-moi ton vers !
Porte-moi vers l'univers !

Mon je sans le toi,
Mon moi sans le toit,
Mon cœur mouille mille fois,
Je pleure alors sans foi.

Le silence est sourd,
Le mois file sans jour,

L'avis a fait la cour,

La vie aime l'amour,

Clap Clap dit la terre,

Boum boum dit le tonnerre,

Apporte-moi ton verre,

Pour le remplir de vers,

Rimes de mon cœur,

Trime sur la peur,

Primes du bonheur,

Avec ma petite fleur !

Laurent Savary - Parution internet 2018

Être ou ne pas être

Je regarde,

Je regarde ces enfants loin de la vie,

Une vie sans promesse,

Sans promesse d'apprendre,

Juste apprendre à résister,

Résister pour combattre dans le noir,

Noir qui n'est pas clair mais qui nous éclaire,

Éclair d'un instant, pour ne jamais se taire !

Je regarde cet enfant se déformer,

Se déformer pour se briser,

Se briser jusqu'à son dernier souffle,

Un souffle qui nous pousse à prendre l'air,

Pour ne pas avoir l'air d'être ou de ne pas être,

Être quelqu'un sur un chemin qui n'est plus,

Plus, c'est ce mot qui me déplaît,

Des plaies qui ne se refermeront plus...

Je regarde mon enfant et ses yeux noyés,

Noyés de chagrin et de rires,

Des rires contre sa peine,

A peine pour grandir,

Grandir pour partir,

Partir pour rester,

Rester avec toi, toujours...

Laurent Savary – Parution internet 2018

Extrait d'une publication internet

Depuis ce 9 juin 2017 où notre vie a basculé dans une autre dimension, j'apprécie autrement un monde où le quotidien peut être pesant. Qu'il fait bon vivre sur un bateau en mode croisière ou seules quelques embrouilles au travail ou une petite dispute de couple nous bousculent telle l'écume repoussant le sable.

La souffrance vous transforme en sujet contemplé par des plus chanceux que vous. Chaque moment vécu est un prisme où ces multiples facettes vous brouillent la mémoire et freine votre prise de décision. La maladie, la pauvreté, la migration, la vieillesse... Tout devient démesuré et nous donne le sentiment d'injustice avec les forts et les faibles, des érudits et les incultes ou des chanceux et des moins chanceux... Ce que les livres d'histoires ou de littératures vous enseignent depuis des siècles. Tout se transforme en une relation du dominant et du dominé. Tout devient réel et bouscule vos heures de vie. Cette approche animale qui fusionne avec celle de l'humain m'interroge à 46 ans comme je le faisais à mes 18 ans. Tout était en place pour foncer vers quelques années de repos avec ma femme et mes enfants. Un schéma que nos savants nous ont déjà promis comme désuet. On nous a annoncé une explosion, une destruction et une disparition. Le tableau aux couleurs si vives voit ce coucher de soleil virer du jaune au noir pour envahir la mer de cette couleur pétrole et rendre ce ciel si bleu en une vaste tâche sombre. Mais il est bien inutile de s'apitoyer car cette souffrance est sans frontière et touche chacun d'entre nous et cela tant que nos cœurs battront pour nos proches aimés et pour nous-mêmes...

Laurent Savary

Retrouvez l'association au pays de Léonie sur internet

www.aupaysdeleonie.com

www.facebook.com/associationaupaysdeleonie

Printed in Great Britain
by Amazon